大山純一
Ohyama Junichi

心の復興

反省止観と神我の目覚め

たま出版

1998年(平成10年)11月23日、開聞岳(鹿児島県)山頂にて瞑想する著者。

同日、瞑想中にオーラに包まれる著者。

まえがき

現代は愛の失われた無明《むみょう》と混迷の時代、そして闘争の時代であると言えます。日の本の国、日本も困難な時代を迎えております。この国難を乗り越えるために、大和の民族は一致団結して立ち上がっていかなければなりません。無明と頽廃《たいはい》を打破して、不正や犯罪、争いを駆逐《くちく》していかなければなりません。膨大な物質文明の波に、尊厳なる心を凌駕《りょうが》されることなく、豊かな愛と光に満ちた、調和の文明を復活しなければなりません。それが心有る大和民族の使命であります。

世界のあちらこちらで、国家間の、民族間の、また宗教間の軋轢《あつれき》や闘争が絶えることがありません。また、各地で地震や洪水、旱魃《かんばつ》や火山噴火等、続出いたしております。

エイズやヤコブ病、狂牛病等の奇病が蔓延《まんえん》してきております。

夫婦の不調和、家庭の崩壊、教育や道徳の頽廃、胎教の喪失等の不安や不調和による精神疾患者、また自殺者が急激な増加を辿《たど》っております。

経済不況、政治不安がさらに問題を大きくしています。公害、汚染の問題もこれから益々大きな課題になっていくでしょう。

これらはどこに原因があったのでしょうか。誰に問題があったのでしょうか。

私たち人類の一人一人が、この原因と問題点を問いただしていかなければなりません。実は、それは誰でもない人類一人一人の責任であります。一人一人の心の中に、思うこと行うことの中に、全ての原因があります。

それは一人一人の心の不調和な想念が形作り、創造したものであります。心の中に巣食っている怒りや憎しみ、嫉妬《しっと》や妬み、批判や中傷、疑いや闘争心、裁く心やとらわれの心が、大きな暗い不調和な意識体となって、自らの心を侵すだけでなく、この地上界に悪想念帯の磁場を作り上げてしまっております。

そのために、自らを止観反省し、心を浄化して、さらに地上界に帯電している、悪想念帯を除去しなければなりません。

一人一人の低い、暗い想念エネルギーを打ち払い、愛と光、調和のエネルギーに転換しなければなりません。一人から二人、二人から三人と、確実に光の輪を拡げることによって、人類に平和と安らぎ、調和世界が訪れてまいります。

ではその人類の指針は、いったい何に、どこに置いたらよいのでしょうか。その心の原点が、釈迦の仏法と慈悲の道、イエスの神理と愛の道であります。この愛と慈悲の道は、二千年、三千年を経ても滅《めっ》し朽《く》ちることなく、人類の上に燦然《さんぜん》と光り輝いております。

これを「宇宙の法」「真理（神理）」と言います。

私たちは、この法の、神理の神髄《しんずい》を学んでいかなければなりません。

私たちは、五官(目、耳、鼻、口、身)の範囲で生活をいたしております。しかし実は、肉体を超えて、次元を異にした世界に包まれております。

肉眼では、限られた虹の世界(七色の世界)しか観られません。しかし、目に見えない巨大な精妙な世界が拡がっております。

私たちの肉体は、精妙な形のない光の粒子によって支えられ、そうして新陳代謝を繰り返しながら流動発展しております。

見ることも、触れることも出来ませんが、実はこの肉体を超えた、意識の世界、魂の世界が存在しております。

この肉体は、七十年・八十年経ちますと、ボロボロに朽ち果ててしまいますが、魂(永遠の生命・宇宙生命)は、永遠に朽ちることも、滅することもありません。これが真実であります。人々はこの真実を、肉体や物質にとらわれているために忘れてしまいました。

しかし、内なる神我、内なる神はそのことを知っております。やがて誰もが、その真実に気づくようになってまいります。

私たちの体は、原子肉体、光子体、霊体の三つより構成されております。光子体と霊体は天上の世界へ帰ります。光子体の上に霊体(魂、命の本源、神の分霊)が乗っております。多くの魂は輪廻《りんね》を繰り返しております。

私たちの生命(魂)は、大調和への永遠の輪廻を続けております。やがて創造の源、大生命、大意識、大神霊、神成る存在と一つになってまいります。

偉大なる道であります。

止観反省、感謝と報恩、愛の実践《じっせん》、神理の追求がやがてあなたを、目覚めと安らぎへと導いてくれると思います。

この本は、神理を求める人々にとっての、目覚めと安らぎへの導きの書となればと思い、その願いを込めての出版となりました。

本書は、天の父より示されたものであると思っております。

九年前より、天の父より降ってくる意識、メッセージを文章化したものであります。私どもの機関誌「葦芽《あしかび》」は、月一回の心の交流会、天の父からのメッセージ、講演会、研修会等を収録したものであります。

それらを選別、整理、添削《てんさく》したものを一つの本にまとめ上げました。

二〇〇一年五月に出版しました『心の復活～人類の再生と救済への道』（文芸社）に続くものであります。前著もあわせて読んでいただければ、神理への理解がより深まるものと思います。

本の行間に、拙者の限りない命と光を、天の父の無限なる愛を感じていただけたらと思います。

この本が、読者の心の安らぎと目覚めへの契機《けいき》となるなら、私のささやかな願いは叶ったことになります。そして、天の父との約束の一つを果たしたことになります。
この本を手にされたのを機に、新生の一歩を、神我の一歩を踏み出していただければと切に願う次第であります。

二〇〇二年三月三日

大山純一

目次

一、神我の目覚め

〈世界中の混乱と不調和〉

日本各地で異常気候や多くの災害が起こってきております。

日本だけではありません。世界各地で様々なことが起こってきております。戦争や闘争は国のちがい、民族のちがい、宗派のちがい、イデオロギーのちがい、文化や肌の色のちがいによって終止符を打つどころか、益々エスカレートしていくように思えます。

それに輪を掛けるが如く、各地で火山噴火、地震、津波、洪水、寒波、干ばつ等、天災や異常気象にみまわれております。

エルニーニョ現象は益々活発化して被害をもたらしております。世界人類の食料不足は慢性化して多くの飢餓《きが》者が出ております。

〈地球と人類の危機〉

人類の多くは危機《きき》と戦っております。

空気、水、河川、大地の汚染、森林資源の減少と砂漠化、地球温暖化やオゾン層の破壊《はかい》、海洋水位の上昇、地球をめぐる環境問題も緊急事態となっています。

これらは、物質(金)志向に陥った地球人類の心の総計の姿、現象であります。このまま進めば、人類の未来はありません。第三次大戦が起こるまでもなく、人類は滅びてゆくでしょう。

〈激震の日本列島〉

一昨年(二〇〇〇年)は、日本列島は激震の年でありました。倒産することはないと信じられていた有名銀行や大型証券会社の倒産、合併。また大型スーパー等の倒産は、日本国中の人々を驚かせました。

経済は活路を見出せず、景気は低迷して株価も底値をつけております。政治は、三流と言われるように、国民の心から離れ、その本質を失っています。指導者や政治家の良心の復活を切に望まずにはおれません。

〈物質文明は欲望達成文明〉

世の中には、不祥事や暗い事件が相次ぎ、暗い影は、低年齢層にまで及んでいます。また離婚や不倫が、もてはやされたり、不正や罪を犯すことも、平然と行われているのを耳にしますと、まさに末法の世であることをうかがわせます。

物や金が中心の文明、すなわち物質文明によって、物が豊富になっても、そして安楽さ便利さが充足されても、人類を幸せには導いてくれないという、反省が起こってきております。心の豊かさ安らかさは、物質の豊かさのみでは得られないことが証明されてきました。

物質文明は、欲望達成文明であったと言えます。

先年、経済のバブルがハジケました。ただ日本にとっては、このことは、悪い面ばかりではありませんでした。日本の物質経済至上主義に、疑問反省を投げかけることができたからです。

〈人類救済への道〉

この末期症状から、危機的状況から、人類が救われる、立ち直れる道はあるのでしょうか。

その回答は「イエス」です。唯一の道があります。それ以外には絶無であります。

その唯一の道とは、「心の復活」「人間の神性の復活」「内なる神の復活」です。

それは「愛の復活」とも言い換えられます。人類のこの終末的状況、カルマを解消し、救世の道を歩むには、「愛と許し」「慈悲と内省」の道以外にありません。それはイエスの教えに帰ること、ブッダの仏法に立ち帰ることしかありません。

〈イエスの愛の言霊〉

イエスの説かれた重要な言霊《ことだま》があります。

「人々よ、よく聞きなさい。私たちの神である主は、唯一の主である。心を尽くし、精神を尽くし、力を尽くし、あなたの神である主を愛しなさい」主とは、天の父であると同時に、内なる神我であります。天の父が、人の内に宿られております。

イエスは「我は肉にあらず霊なり」「我は世の光」「我は道なり」「我は法なり」「我と天の父とは一体なり」と言われました。イエスは、不変生命や普遍《ふへん》意識、宇宙エネルギー、および神と一体となられていました。

「隣人を自分の如く愛しなさい」と言われました。隣人とは、夫であり妻であり、父であり母であり、子であり、友人であり、知人であり、すべての人々のことであります。

「許すより、大いなる愛は無い」と言われました。「敵をも愛しなさい。敵の為にも祈りなさい」と言われました。絶対愛、普遍愛であります。イエス様によって、完全愛、まったき愛が確立されたと言って良いと思います。

人類は一歩一歩、確実に、身近なところから「愛と許し」を実践してゆかねばなりません。

〈ブッダの慈悲の法〉

ブッダは、苦の原因は「とらわれ」であると看破され、「中道の道」を示されました。偏《かたよ》らない中道の心、調和の心、愛の心であります。そして、そこに正道の基準を見つけられ、「八正道」の道を示されました。

「正見」「正思」「正語」「正業」「正命」「正進」「正念」「正定」であります。

「正しく見ること」「正しく思うこと」「正しく語ること」「正しく仕事をすること」「正しく生活すること」「正しく道に精進すること」「正しく念じること」「正しく反省し、瞑想に入ること」、これらは、片寄らないこと、第三者の立場に立つこと、個人でなく、肉体としてでなく魂として、神の子として、普遍意識として、とらえてゆくことにあります。

〈宇宙即我〉

ブッダは、反省の瞑想を通して「宇宙即我」の境地に達せられました。「宇宙は我であり、我が宇宙である」、即ち、「宇宙意識」「宇宙大霊」「宇宙神」と一体になられました。「神一元」「光一元」「霊一元」「愛一元」「生命一元」の境地に達せられました。私たち、誰もが、この境地に達してゆかなければなりません。その為にも「内省と実践」に徹《てっ》していかなければなりません。

〈問わなければならない根本命題〉

私たちそれぞれが、問わなければならない重要な命題があります。「人間とは。あなたとは誰か」「人間はどこから来て、どこへゆくのか」「人生の目的とは」

〈人間とは〉

人間は、神の創造によりました。創造主すなわち天の父が、人間を現し、神によって創られた人間が、今度は、創造主の意志を、愛を、光をこの世に現すことになりました。つまり人間は、エネルギー（霊、光、意識）と質量の集合体と言えます。

〈創造主と創られたものは一体なり〉

創り主と、創られたものは、別々には存在できません。一体であります。創られたものは創り主を一時も離れて生きることは出来ません。創り主の生命が、光が、意識が、霊が、創られたものの中に宿っております。それゆえに、人間を「肉の衣を着た神」と言うのです。

神の創造を今度は人間が、神の代行者として、物資界において創造を行っていきます。ゆえに人間は「万物の霊長」と言われます。

神の大生命、大意識が、人間に入らなければ、肉体はただの物体となってしまいます。生命あるものとはなりません。神の生命、意識が入ってはじめて、生きた者となります。

神の存在なしには、人間は存在しない、ということになります。人間だけでなく万象万物がそうであります。人間は、創造主である神から、一時でも離れては、生きることの出来ない存在であります。

〈初めに神ありき〉

神の存在があって、生きて働かれているから、人間が、万物が生きて存在するのであります。生きているのでなく生かされているのです。

私たちが生きているのは、人間の力ではなく、神の力であることがご理解いただけると思います。イエス様が「我と天の父とは一体なり」「我は無力なり、天の父が働かれるゆえに、御《み》業《わざ》を成すなり」と言われた意味が良くわかると思います。

〈人間はどこから来て、どこへゆくのか〉

人間は、どこから来て、どこへゆくのでしょうか。この命題を、世の宗祖や先哲は求め続けました。生涯をかけました。

イエスやブッダは悟り、人類にこの解答を与えました。そして今また、それが説かれています。「人間とは」「人間の目的とは」これらの命題は、イエスやブッダのような光の大指導霊でなければ説くことのできない神理であります。

〈数千年に一度しか説かれない神理〉

この縁に触れなかった人、触れても魂が眠っていた人、聞く耳をもたなかった人、物欲や肉欲というサタンに侵されていた人は、悔《く》いることになります。何故なら、再び数千年の時を待たなければ直接、神理に接することが出来ないからであります。光の大指導霊（マスター）は、数千年に一度しか、この地上に肉体を宿しません。偶然に生まれ合わせたとしても、光の大指導霊に遭遇《そうぐう》し、また神理にめぐり会えるという保障はありません。

それゆえ、天界へ上がってから、地たんだ踏んで悔《くや》しがります。この繰り返しでありました。目覚めた人、魂の起きていた人のみが、光の指導霊および神理に出会えるのであります。そうして、光への道、悟りへの道を歩んでゆかれます。

今、地上に生命をもっていることの重大さを、かみしめなければならないと思います。

〈神の元から来て、神の元へ帰る存在〉

人間は「神の元から来て、神の元へ帰ってゆきます」「光の元から来て、光の元へ帰ってゆきます」神は、大愛そのものでありますから、「大愛から来て、大愛へ帰ってゆきます」あなたという存在は、死ぬことはありません。あなたは、神や天の父と共にあった存在であります。神の生命そのものであります。神の意識そのものであります。

あなたが、肉体に宿ったとしても、あなたは、死ぬことも、滅することもありません。無限なる神、不変生命・普遍意識である神が死んだり、消えたりしたら、神ではなくなります。無限なるものを有限に、形なきものを形あるものに閉じ込めることは出来ません。肉体は、仮の宿、船にしかすぎません。

〈肉体は魂（生命）の乗り船〉

人間は「肉の衣を着た神」「肉体は神の宮」「肉体は魂（生命）の乗り船」とは、神の生命の活動の場、また道具であることを表しております。

人間の肉体船は、八十年、九十年で朽《く》ちてしまいます。しかし、永遠不滅の魂、生命、意識、エネルギーは朽ちることはありません。新しい肉体船を得て、また生き続けます。

このことを良くわかっていただきたいと思います。

〈循環の法則〉

すべては循環しております。氷（固体）や水（液体）が蒸発してなくなっても、それぞれの形体は変化しても、そのものの本質は、依然として実在しております。

水は目に見えます。固体の氷から、液体の水へと変化して、目に見えない気体、水蒸気へと変化します。魂も、地上界（固体）、幽界（液体）、霊界・神界（気体）へと輪廻転生《てんしょう》しております。万物は「循環の法」という、大法則に基づいて働いております。人体も、自然も、宇宙も、循環という神の慈悲と愛の大法則により動いております。

〈輪廻の超越〉

人間は、肉体を自分と思っております。しかし、自分を肉体、固体、有限と思っている間は、低い次元の物質界、幽界（エーテル）の次元を輪廻します。

しかし、人間の魂、生命が、普遍意識、不変生命、大愛の神なる意識に達したら、もうこの地上界(物質界)へ生まれ変わってくる必要はなくなります。目覚めた者は、現象界へ戻ってくる必要がなくなります。人はいつか、自分のふるさと、神の元、大霊、大生命へ帰ってゆくのです。そうして神意識へと融合します。人間は神なる道を、歩んでゆきます。

〈神〉

神とは、「原因なき原因」「すべての創造主」の実在であります。すべては、神の表現の現れであります。「神は、すべての全て、在りて在るもの」だと言えます。

神はまた、宇宙法則として現れ、一大原理として現れております。神と人間は、宇宙法則(神理)によって結ばれており、人間は、その法則を犯した分だけ苦しむことになっております。そのことによって、神と人間の絆《きずな》は保たれております。

〈魂のグループの出生〉

親しい魂(生命)同志、気の合う魂同志、波動の合った魂同志が、グループを作って地上に転生してまいります。夫婦であったり、家族であったり、仲間であったり、会社や職場であったりします。そういう魂の傾向性があるからです。

また逆にまったく逆の魂を選んで来ることもあります。それぞれが、計画を立て、人を選び、カルマの清算や学びの為に共に下生《げしょう》してまいります。光の天使たちは、グループで出生して、改革や、人類救済を行ってゆきます。

〈夫婦の魂〉

夫婦の場合は、プラス、マイナスのバランスの調和をとって下生することが多いようであります。魂の似かよった場合だけでなく、逆の場合も多くあります。しかし、それぞれ過去世においても深い縁生をもった者同志であります。親子でも深い絆をもっています。魂としての深いつながりがあります。過去で何回も転生を共にしております。どちらにしてもベストカップル、ベストファミリーを選んで出生してまいります。お互いにとって最良の存在ということであります。

宇宙の大法則においては、陰陽の調和、陰陽の和合、これが夫婦の姿であります。その大調和、大和合によって愛の化身、光の化身が誕生します。それが、私たち人間一人一人の誕生であります。

〈親子の魂〉

夫婦、親子、兄弟姉妹は、約束の元で生まれます。「赤い糸」は存在しています。誰もが、父、母を選んで、父母の前で手をついて、「今世は、私のお父さんとなってください。私のお母さんとなってください」と頼んで出てきております。もし、父母となる方が、「否」と断られたら、地上に生まれることはできません。

他の方を探さなければなりません。今、地上に生まれられたということは、天上での約束ごとであり、父、母に感謝しなければなりません。また自分に一番ふさわしい、修行と学びになる方、ということになります。尊い愛すべき存在であります。「親を敬う」とは、今世だけのことで言われた格言ではありません。魂として当然なことであります。

師も、友人も、知人も、恋愛をした人も、今までかかわり合ったすべての人が、縁ある人でありります。縁生も織りなす糸によって出会いました。一人として他人はおりません。そのことは良くわかっていただけると思います。

しかし、こんな魂の結びつきでありながら人は、苦しみ、不調和を作ってゆきます。悲しいことであります。

肉体に宿ることによって、魂の約束を忘れてしまいます。しかし、また忘れてしまうことが修行にもなっています。

〈人間の目的〉

人間の目的とは何でしょう。それは神の無限なる愛を、光を智慧を現すことにあります。

愛そのものである神は、愛に帰してゆきます。光そのものである神は、大光に帰してゆきます。

人間は、物質界（現象界）において、神の愛を、光を神の代行者として、「肉の衣を着た神」として現してゆきます。

それが神の大調和の世界、大光明の世界を、地上界に現すことであります。それぞれが光る者となり、愛そのものとなり、物質界に、神の世界・光の世界・地上天国が実現されてゆくのです。

〈地球は学習の場〉

人間は、未熟な部分を、学びや体験を通して、成就《じょうじゅ》、結実させてゆきます。不完全な部分も、失敗や経験を積むことにより、完全開花させてゆきます。

過去の人生において、積んだカルマや過ちを清算し、修正して、丸く豊かな、大きな魂（生命）へと成長してゆきます。

また、地上において恩を受けたり、助けられたりしたことがあれば、当然、その御恩に報いたいと思います。それらは、肉体をもってはじめて結実してまいります。人は、こうして恩の報じ合い、愛の報じ合いを行っております。

もし、果たせなかった夢や願いがありましたら、叶《かな》えたいと望むものであります。

〈苦の原因〉

苦しみの原因は、何でしょう。ブッダ（釈迦）は、「とらわれ」にあると言われました。何にとらわれるかと申しますと、肉体にとらわれます。「私は人間」「私は肉体（物質）」「私は個人」、そして、「人間は死すべき者」と信じこんでしまいました。真実は、そうではありません。それは仮想を見て、実相を見ていない姿であります。そこに欲望がつのり、「自己保存」「自我々欲」という悪魔につかまってしまい、苦の原因をつくってしまうのです。

人間の魂は、永遠に生き続けます。そして一人一人の魂は、同じ根源、神の元から出て来ました。みんなが同じ生命を生きる同胞なのであります。

〈生命の根源〉

人間は、肉体でも物体でもありません。霊（魂）であります。意識であり、生命であります。人間は本来、神の生命（エネルギー）細胞をもっています。しかし、母親の胎内で、両親の性格、体質、病気、想念、印象を記憶して誕生してまいります。そして教育、思想、習慣、環境の中に閉じ込められ、神の生命（エネルギー）を活性化できません。

神の生命（エネルギー）細胞が、全てを生み出す原動力であります。生みの親であります。魂、生命の根源であります。万物は、この神の生命（エネルギー）細胞によって創造されました。つまり神は、人間を含め、万物の創造の親であります。また神は、宇宙に遍満《へんまん》しているエネルギー、生命体、意識体と言えます。神の生命（エネルギー）細胞を「神の生命」と言えます。

「私、自らは無なり、内に宿りたまう、天の父が御業を行うなり」というイエスの言葉は、このことを言っておられます。「我と天の父とは一体なり」と言われた意味もわかります。

〈人は意識したところのもの〉

人間は、自らを「肉体である」「個である」「病気するもの」「死ぬもの」と限定、制限しています。「人間は意識したところにいる」「人間は意識したところのものである」との言葉通りに、意識した、そのものを受けます。そのものになります。

〈想像は創造する〉

認めているものは現れます。「自我を認める限りは、自我は克服出来ません。肉我を自己と認めている限りは、肉を越えられません」「病気するもの」と思っておれば、その通りになります。病気の原因も、心・想念に起因しております。食物・環境も関係しておりますが、真の原因は、その方の想念にあります。

「想像は創造する」との言葉は、真理を端的に表しております。人は想像したものを創造してきました。今のあなたは、あなたが想像して、意識し、行動したその総決算の結果であります。神様でもなければ、親でもなければ、他人でもない。あなた自身が、今のあなたを創造しました。すべて自分にあるということであります。

〈神我の受納と顕現〉

あなたが、内なる神「神我」を求め、認め、内なる愛のキリストを受け入れた時、「自我」も「偽我《ぎが》」も消滅《しょうめつ》してゆきます。

肉体でなく本来、霊であり、魂であります。愛そのものであると認めた時、言動で示してゆく時、そのものとなります。「神」を求め、受け入れた時、「神なるもの」となります。

このことが今説かれているということは、大変素晴らしいことであります。

この神理が示されていることは、千載一遇《せんさいいちぐう》の機会であるということを知って欲しいと思います。

この神理を説く「神の時」が来ているということ、この神理を受けるにふさわしい、熱した魂が下生していること、何よりも、この神理を説かれる光の大指導霊（マスター）が、出ておられるという黄金の時代に遭遇しているということであります。

〈本当のあなた自身〉

人間は本当は実在ではありません。仮の姿であります。人間を人間として在らしめている存在が、本当のあなた自身であります。現象の奥に、実在、真実が秘められ宿っております。人間は、現象界の肉体を自分と錯覚《さっかく》してしまいます。肉体は、朽ちてゆくものであります。肉体船の主人、船頭さんこそ、自分自身であります。

肉体の形態は滅しても、本質の魂（大生命）は破壊されることはありません。永遠不滅であり、久遠常在であります。

永遠の過去から、永遠の未来へ生き、存在し続ける、存在であります。これがわかりますと、恐怖は無くなってしまいます。「生老病死」の四苦を超《こ》えてしまいます。ブッダは、普遍意識、宇宙意識となられ、悟られ、「生老病死」を克服されました。人間は誰もが神我を知ることにより、神我を我がものとすることにより、ブッダとなり、イエスと成ることが出来ます。イエスもブッダも、この道を説かれました。

〈分離感の克服〉

私たちが、現代において一番先に克服しなければならないものは、「分離感」であります。

この分離感が人間を苦悩させ、不安にさせている原因であります。

「神と人間」「人間と自然」「肉体と魂（霊）」「自分と他人」と分離、区別することにより、調和するべきものが、一つであるべきものが、不調和になり、そのせいで不安感が募《つの》り、安らぎと光の中に住むことが出来なくなってしまいます。自らを小さくしております。普遍意識を、神の子の自分を制限、分離して、自らが苦しんでおります。

〈一なる生命〉

人間は、「一なる生命」、神の生命から分かれて来ております。生命の根源においてみな一つであります。万物が「一なる生命」より生まれました。その「一なる生命」が人間をはじめ、万物の中に宿り、存在し続けています。本当は分離というものはありません。

一つの大生命が、一つの大霊が、それぞれ他の生命、他の意識の面を表しているにすぎません。海に浮かぶ島々は、それぞれ別々の孤島として存在しておりますが、海の底ではつながっていて、一つの存在、同じ存在であります。

すべては同じ根源であり、同じ生命であります。同じ光であることがわかれば、「分離感」は無くなります。

この大生命は、永遠の過去より永遠の未来へ、生き続けている存在であります。生命は霊魂《れいこん》は、根源より出て、やがて根源へ帰ってゆきます。そう考えれば、生命は不滅であり、不変であり、普遍であることがわかるでしょう。

〈人類救済への道〉

人類の救済の道は、この心の変革、意識転換しかありません。「心の復活」「生命の復活」「愛の復活」であります。「一つの生命」からなっている、「一つの意識」から出ている、一つの神、創造主から出ていることに気づくことにあります。そうすれば争いも、憎しみ合いも、分裂もなくなります。

個人意識を全意識（人類意識）へ、肉意識を霊意識へ、物から心へ、人間意識から神意識へ、転換しなければなりません。

「分離を統合へ」「差別を調和へ」と昇華してゆかなければなりません。「闇から光へ」「外から内へ」「他から自己へ」、視点を変えてゆくことで、「一なるもの」に気づくことにより、人類の未来は大きく開けてゆきます。

〈反省と祈り〉

反省と祈りも大切なものであります。安らぎと悟りを得るには、不可欠であります。

反省という心のフィルターを通して、心の中のスモッグが塵やホコリが取れて浄化され、輝いてきます。心自身は、神の御心そのもの、光の輝き、愛そのものでありますが、人間が、愚痴や怒り、嫉妬、恨み等の感情にとらわれ、また欲望の中にとらわれてしまいますと、スモッグのように、太陽光線、すなわち神の光を通しません。そうしますと、神の心に同通できません。内なる愛と光を復活できません。

心の掃除は、必ず行わなければなりません。生きているうちに、反省、心の掃除をなされなかった方は、あの世で掃除をさせられます。心を掃除し、浄化しませんと、天上の世界へ帰ることは出来ません。人によっては何十年、何百年と暗い世界へ身を置く人もいます。

今、苦しみ、とらわれの中にある人は、その世界へとつながっていきます。反省し、その原因を解き、安らぎと、光の世界へ住むようにしなければなりません。安らぎのある人は、安らぎの世界へ、そうでない方は、その世界へ確実に行かれるのであります。

生きているうちに、成してゆくことが大切であります。「三途の川」とは地上界と天上界との境の意識界のことを言い表しています。心に重荷のある人とか、地上にとらわれ、不調和の念を残した人は、この川を渡れません。人類の想念の造った仮想の世界ですが、その存在はあります。反省をすること、その習慣をつくることは大切なことであります。


〈反省と自己確立の道〉


「自己を確立する為に」「真我と出会う為に」「神と直結する為に」、反省止観しなければなりません。自己の過去を振り返り、自己のとらわれ、重荷、心を閉じたり傷つけた事件、事柄を原因を追求して解いてゆく作業であります。自己解放であります。

炊事場の流し台を、一週間、一ヵ月、いや何年も掃除しなかったらゴミの山となります。悪臭を放ってまいります。下水の溝の掃除も同じであります。部屋の中も何ヵ月も、何年も掃除しなければ、カビやホコリ、ゴミの山で住むことは出来なくなります。しかし、不思議なことに、外の掃除はしても、心の中の掃除をする人はいません。そんな習慣も無いし、その指導をしてくれる人もいません。目に見えず、聞こえず、触れることも出来ませんので、私たちは考えもしなかったのであります。

〈心の開花〉

怒りや、愚痴《ぐち》、欲望、嫉妬、恨み、高慢、自己卑下等の無い人はいません。

そのスモッグが、始源の存在の神の愛と光を閉ざしているのであります。真実の神の子の自分、神の分霊である自分を忘却させているのであります。

心の暗い部分に、神理の光を照らすことにより、心のスモッグが徐々に浄化され、安らかになってまいります。

〈反省の仕方〉

年代を〇歳～五歳、五歳～十歳と、五年ごとに区切って、神理に照らして、客観的に見つめていきます。その基準は愛と八正道（正見、正思、正語、正業、正命、正進、正念、正定）に照らして、チェックしてまいります。

自己を肉体としてではなく、永遠の魂（霊）として、神の子として、神の分霊（意識）として見つめていきます。

最も心に引っかかっている事柄を先に反省しますと、楽になってきます。順次、振り返って大きいものから、小さいものへと、掃除をするように反省していきます。

「明日は、この世を去らなければならない」一度はそんな覚悟をもっての真剣な反省が必要であります。反省、止観を通さずして悟られた方は一人もいません。イエスもブッダもこの道を通られました。

〈両親との反省〉

特に両親、母親との関係から始めるのが基本であります。反省において親との関係が一通り済めば、八十パーセントは終わったも同然であります。すべての人の性質、性格の骨格は、五・六歳位までに出来上がっております。思考パターン、行動パターン、心の傾向性、心の癖《くせ》はすでに出来上がり、その基盤の上に築かれたものであります。また一日一日を、夜に床につく前に振り返ってみるようにしなければなりません。

神理の光に照らし、神の子としての思念と行動を振り返り、良かったことは良しとし、悪かったことは反省し、悔《く》い改め、二度とそういう思念や行為を成さないと誓い、努力する必要があります。この積み重ねが、安らぎと悟りへ導いていってくれます。

反省を通して〝一人で生きていた〟と思っていた自分が、〝生かされて生きている存在〟であったことがわかってまいります。〝神の懐《ふところ》に抱かれている存在〟だと気づいてまいります。いっぱいの愛の中に抱かれていた事実がわかってまいります。ただそのことに気づかなかったのであります。

反省の最初の導入は「内観法」という方法が良いように思います。両親に現在まで「していただいたこと」をノートに書き出します。生んでいただいたこと、オムツの世話、食事、病気の看病等、年代順にすべて書いてゆきます。隣には、その両親に「して返したこと」を年代順に書いてゆきます。その下には、心配や迷惑をかけたことを、年代順に書きつらねてゆきます。現在まですべて書き込んで、それらをしみじみと観じてみてください。大きな発見をさせられます。

そうしますと、百人中九十九人までが、気づかされていきます。多くの方々は涙を流されます。その流された涙の分だけ、その方の心は安らぎ、光に包まれてまいります。転生で両親として選んだ魂、あるいは人生の同期生――。その神の愛の代行者に、神の子として、愛と光の世界から来た魂として、自らは、何を思い、どう行為してきただろう。その方に如何なる支えと報恩をしてきたのだろうと、真実を求めていきます。このことを真剣に成した人は、その時から、その日から人生が変わります。愛と安らぎの中に住むことになるでしょう。それを成されない方は、一生そのままであります。

母の慈しみの愛がわかってまいります。自分を産み育て、はぐくんでくれた偉大な存在、いとおしい存在が見えてまいります。

母を想うだけで涙が出てくるようになります。反省を通し「お母さん」と心の中で、また声を出して呼ばれる方も出てきます。

〈心の親子〉

白髪の頭も、顔や手のしわも、丸く小さくなった背も、弱くなった体も、子供への愛の証であります。親は「神の愛の代行者」であります。この世に生まれ、初めて出会った存在、地上での最大の愛の対象者であります。この両親を愛せない方、受け入れない方は、幸せになることはありません。なぜなら、自己の存在を否定しているからであります。

親への反省が深まれば、「お母さんごめんなさい。お父さんごめんなさい」「お母さんありがとう。お父さんありがとう」と心からの叫びが自然と出てまいります。こうして両親との「心（魂）の親子」としての目覚めが起きてまいります。

〈自己完成への道〉

その母親、父親の愛に目覚め、愛によって道が開かれた時、その方のこの世での本当の人生の歩みが始まります。確かな神理への道を、自己開墾《かいこん》への道を、自己完成への道を歩み出すことになります。
反省は、夫婦、兄弟姉妹、友人、知人、同僚に対するものへと進めていきます。心は益々、輝き始め、安らぎに包まれてまいりますので、その人の体は、金色のオーラ（後光）に包まれるようになります。

〈愛の広がり〉

愛が広がり、深まってまいりますと、大自然の愛に触れてまいります。太陽の偉大な光・エネルギー、ぬくもりに感謝出来るようになります。太陽無しには、人類は生きていけません。また母なる地球に抱かれ、大愛の中で育まれたこともわかってまいります。
水に空気に、大地に、山に、海に、森林に、川に、花や木にも感謝出来るようになります。その響《ひび》き、ささやきを聞くことが出来るようになります。

〈動植物への感謝〉

人間の食用となってくれる動植物には、感謝の念でいっぱいになってまいります。彼らは彼らの身を供養して、私たちの血肉となってくれます。牛も豚も、屠殺場《とさつじょう》に着きますと、一せいに鳴き出すそうです。自らが殺され、人間の食卓に上がるのを予知するのでしょう。
恐怖《きょうふ》と、また彼らも魂をもっていますので、親や子、兄弟姉妹、友人たちと、この別れを惜《お》しんでいるのかも知れません。その動物たちに感謝とお礼を述べるのも、万物の霊長として当然のことと思います。

食事の前に両手を合わせて「いただきます」と言うのも、日々の糧《かて》を恵んでくださる、天の父と、生命を供養してくれる動植物に対しての自然な感謝の行為であります。

〈内臓意識への感謝〉

病気の方も、健康な方も、肉体に対して、内臓の諸器官に対して「ありがとう」という感謝の言葉とねぎらいを言われても、良いのではないでしょうか。患者さんの治療の時、いつも思うことであります。

私たちが、寝ている間も、休んでいる間も、心臓も、肝臓も、腎臓も、胃も働いてくれています。一度でも心臓が止まったら私たちは現在、生きていません。内臓や諸器官もすべて意識をもっております。御主人様であるあなたに、「がんばってくれてありがとう。あなたたちのおかげで、私はこうしておられます。今までは、気づかいもなく、感謝もなく、すみませんでした。私も、あなた方を大切にします。あなた方も、一生懸命にがんばって、私の天命まっとうに協力ください」と言われたら、内臓や諸器官も喜んで、今まで以上にがんばってくれるのではないでしょうか。

私が治療を行う時、患者さんの内臓の意識は、これらのことを語ってくれます。

〈法悦の涙〉

反省が深まれば、毎日が感謝と喜びの涙の連続になります。自然が、大地が、人々の生命が輝いて見えます。

〝この世に生まれて良かった。生まれることができて良かった。お母さんありがとう、お父さんありがとう、兄弟姉妹ありがとう、師よ、友よ、みんなみんなありがとう〟と自然に言葉が出てくるようになります。

〝太陽さんありがとう。地球さんありがとう。水よ、空気よ、大地よ、川よ、森よ、動物たちよありがとう〟そんな言葉が出てくるようになります。何を見ても、何を聞いても喜べるようになります。不思議と心が安らぎ、〝愛と喜びを分かち合いたい〟〝困っている人を助けたい〟〝病んでいる人を癒してあげたい〟、そんな心が自然と湧いてくるようになります。

目覚めが、始まっています。魂の願いを、生命を、大愛を生き始めています。人は、その時、「自らは神の子」「神の分霊」「神の意識」を自覚するようになります。それが人間の歩むべき自然の姿であります。

こうした状況に達しますと、祈らずにはおれなくなります。神と一つになる為に、神我と一つになる為に、人類の平和の為に祈るようになってゆきます。

〈祈り〉

祈りの思い、言霊は、周りを、世界を光明と調和に導き、その光は、天上の世界まで届いてゆきます。

祈りは、愛の念となって、人の心の中に入り、心のくもりを除いてくれます。人の心に愛と光のバイブレーションを起こしてゆきます。祈りは、地球のそれぞれの地域や場所を浄化してゆきます。人類の放った、地球を取り巻く悪想念波動を、浄化していきます。

人類の愛と光の祈りによって地球もバイブレーションを上げ、光の地球となってゆきます。人間の魂が向上すると、地球上の動植物も同時に進化してまいります。

太陽も、地球も、惑星も、生命体も、輪廻を繰り返し、人類の魂の進化と平行して、進化向上していきます。

祈り、そして愛を実践してゆく中で、その光は、自らを周りを高め、ユートピアへ導いてゆきます。一人の目覚めから始まり、家庭に愛と光を灯し、家庭から地域へ、地域から国へ、国から全世界へ拡がってゆきます。一人一人がそのことを成してゆかなければなりません。


〈瞑想・禅定〉

瞑想を行うことは、とても大切であります。反省し、祈った後の瞑想、禅定《ぜんじょう》は、非常に意識を精妙にし、すがすがしい気持ちにさせてくれます。

瞑想には、呼吸がとても大切であります。細かい静かな呼吸をしてゆきます。腹式呼吸を行います。息を静かに吐き出すことから始めます。自らの内なる悪想念、心のスモッグ、心の悩み、病気を、吐き出す息と共に、宇宙へ放出します。

次は宇宙に遍満《へんまん》する愛の宇宙エネルギー、生命活性エネルギー、神聖エネルギー、全知全能エネルギーを体いっぱいに吸い込んでゆきます。これをしばらく続けると、自らの体は、生命活性エネルギー、神聖エネルギーに満たされ、光と光、愛と愛のエネルギー交換になります。

呼吸の深まりと共に体は完全な、愛と光のオーラ（後光）に包まれます。

呼吸と精神とは深い関係があります。呼吸を整え、心を整え、自然の中に、宇宙意識、神我の中に融合していきます。

静かな波動の良い場所を選び、静かに一人の時をもつことにより、日々の中に、反省、祈り、瞑想を習慣化してまいります。最初は十分からでも始めます。一時間、二時間と、その神聖の時をもてたら、最高の日々を、最高の人生を送れることになります。

朝の日の出、夕日の沈む時、寝る前のいっときが良いように思われます。朝には、活力、叡知のエネルギーが、夕日には、安らぎと癒しのエネルギーがあります。

〈欲望瞑想の危険〉

瞑想において、低い幽界や霊界に意識を向けてはいけません。自我欲望の瞑想や霊的力や超能力を求めての瞑想は、真実のものではありません。この瞑想はとても危険であります。瞑想の時の四次元の世界には、低級霊、動物霊、魔界の生物も存在しております。

彼らは霊的力、超能力をもっております。瞑想中に「神だ」とか「仏だ」とか、ささやかれたり、また色々な現象を見せられたりしても、とらわれず、不思議な力を得たとしても、用心・自戒しなければなりません。自分の欲望に応じて、意識の中に入り込んできた真実でないものが、数多くあります。多くの人々が狂わされてしまいますが、容易に信じてはいけません。

瞑想は、欲望をもってしてはいけません。反省をして、心を浄化して、おだやかにして感謝と祈りの中で行わなければなりません。意識を、高い次元へ、愛の世界・光の世界・神我の世界へ向けなければなりません。神の意識へ心を向けた時、それこそが真の瞑想であります。宇宙意識へ意識を、心を向けた時、その神の世界へ、その宇宙意識の世界へ、人間は到達してゆきます。

釈迦は、瞑想・禅定により「宇宙即我」を体験されました。「宇宙は我であり、我が宇宙そのものであった」「すべてが我の現れ、我が全ての現れであった」と悟られ、宇宙意識、神と一体となられました。イエスもまた同じでありました。


〈太陽瞑想法〉

瞑想の最初の導入はどうしてゆくかと申しますと、色々のやり方がありますが、簡単で確実に深く入れる「太陽瞑想法」という方法を用います。

目を軽く閉じ、目の前に朝日をイメージします。設定としては、海の上から朝日が昇ってきます。光り輝く黄金色の太陽を映し出します。小高い丘の上に座って見つめている自分を描きます。また昼間の白光の太陽を描かれても良いでしょう。

太陽の柔らかい黄金の光が、自分を照らします。すべてを忘れ、すべてから解放された至福の自分が座しております。太陽の黄金の光の輝きを受けると同時に、自らのハートにある霊太陽が光り輝き出します。外なる太陽と、内なる魂に輝く太陽が互いに照らし合います。海の太陽が万物を黄金色の光で照らすように、自らの霊太陽も、体の中心から全身へ放射して、周囲を照らしてゆきます。海の太陽が自らであり、自らが海の太陽であります。

そして自らが、地球を照らし、次第に全宇宙を照らす太陽として意識を拡大してゆきます。自らが太陽そのもの、光そのもの、愛そのもの、神そのものへと意識を高めます。

最初は、難しいと思われるでしょうが、工夫と訓練、イメージを心に意識に刻印することにより、出来るようになります。この「太陽瞑想法」を実行なされば、素晴らしいことが起きてきます。心を反省・浄化し、この瞑想を行えば、あなたは太陽そのもの、光そのもの、愛そのものとなれます。人生に勝利されることになるでしょう。

〈瞑想の功徳〉

瞑想が深くなってまいりますと、高次元の魂とコンタクト出来るようになります。天上界の精妙な意識を、こちらの調和度に応じてキャッチ出来るようになってきます。こうした状況が続きますと、肉体を超えた世界が少しずつ開いてきます。

日常生活においても、色々なヒラメキ、智慧が湧いてきて、導かれるように、道が開かれます。安らぎと感謝の中に、守護霊や指導霊が助力し、導いてくれるようになります。

こうして瞑想と感謝の祈りの日々を過ごし、愛の実践を行ってまいりますと、心は益々高まり、意識、魂は高いバイブレーションをもつようになり、やがて、高次元の波動を受けられるようになります。

意識や魂は、天上界へ行ったり、様々な体験をするようになってゆきます。やがて神我、天の父と一つになってゆきます。

瞑想に入る時、人は神我を顕現《けんげん》しているといえます。瞑想は、自分を見つめる時であります。瞑想は、内なる自己、神我との対話であります。瞑想は、人と神との対話、天の父と一つになる時であります。

〈愛と光の化身〉

瞑想を通して「真実の自分」「愛の自分」「光の自分」を表してゆきます。

人は、愛そのもの、光そのもの、神の御心の具現体として、自らを表し、愛と光を放ち、完成へと近づいてゆきます。

想い、願い、言霊を発することにより、行為することにより、それに近づき、そのようになってゆきます。「人は想うところのもの」「人は想像するものを創造する」の如くであります。それゆえ低い幽界次元でなく、心の波長を、意識を、神界に向け、合わせることが必要になってきます。

天啓といわれるものでも、良く審神《さにわ》しなければなりません。天の父からのもの、神界からのものは、愛や真我を通して語られ、正しいものであります。低級霊のものは自我、偽我、憑依《ひょうい》を通して語ってきます。審神が必要であります。神界からのものは、内容が普遍的、全宇宙的、愛と光と威厳《いげん》に満ちていますので、良く判断しますとわかります。

「神は直接語る」〝一神一天〟ということも考慮に入れておかなければなりません。

人は、愛を伝えるもの、光を放つもの、神の御心を現すものとして、愛と光を、自らの中にも通すことにより、自らの心、肉体もまた浄化され、光り輝くものとなることが出来ます。この瞑想は、人類を救いながら、地球を光明化すると同時に、その人自身も救われていきます。個人の祈りから、人類の平和と幸福を願う境地まで、高められてゆきます。それは、自分の肉体に神を現すことであり、自分の本源を現すことであります。

「愛そのもの」「光そのもの」を現してゆきます。やがて「託身《たくしん》」「全託」という最高の境涯に達してゆきます。人の為、神の為、自分を捨て、自分を神の道具として使っていただく滅私の境地になります。「神と自らとが一つ」の境地であります。

愛と光のエネルギーの放射は、目覚めた個人から始まり、周囲へ、会社へ、国へ、全世界へと広がって、地上天国、ユートピアの原動力となり、愛の星、光の星が誕生してゆきます。

〈癒し〉

瞑想して、神の波長に合い、その光を受け、自らの神我に目覚めていく人々は、偉大な智慧とエネルギーを出すことが出来ます。大いなる癒しを行うことが出来ます。ヒーリングの力が非常に向上します。

「神霊治療」を行うことが出来るようになります。もし、治療者と治療を受ける人の心が一つになって心が完全に同通すれば、病気は、すぐに癒されてゆきます。

瞑想し、天の父に祈り、意識を高揚させれば、宇宙エネルギー、神のエネルギーが放出され、病気は癒《いや》されてゆきます。自らも病気にかからなくなってゆきます。神の本源なる愛のエネルギーに癒せないものはありません。近い将来、多くの人々がそのようになってゆくように思います。多くの覚者、悟った方々が出て来られるようになります。

〈覚者〉

覚者、悟った方とは、自己の本質、神我に目覚めた方であります。宇宙の神理を知り、人間のもつカルマを超越《ちょうえつ》した方であります。神と同通することの出来た人であります。すべての

存在が神の姿、ということを悟られた方です。人類の過去と未来を見通す力を得た方でありま
す。

「神一元」
「光一元」
「愛一元」
「宇宙一元」

を悟られた方であります。

〈神〉

神とは、神棚や仏壇に祭る存在ではなく、存在の本源、大宇宙に遍満しているエネルギーであります。大意識であり、大生命であります。神は万象万物の中に宿っておられます。生命として存在しておられます。神は、また大法則であり、すべてを統《す》べる存在、大調和と大愛そのものでもあります。

「神を見る」とは、万象万物に宿る普遍的な愛、生命を観ることであります。また神は知るものであります。

神の光（種子）が、一人一人の中に宿っております。肉の衣を着た人間は、真の自己、神我を忘れてしまっています。

もし、私たちが、内なる真我、内なる神に目を向ければ向ける程、意識すればする程、内なる神性の火花は、益々活発化してきます。私たちは今、それを成していかなければなりません。そうしなければ一生悔《く》いることになります。

反省と愛の実践を通して、瞑想と祈りを通して、一人一人が真実の自己の姿である、愛のキリスト、慈悲のブッダの道を歩まれんことを祈ります。

〈世を救う霊団〉

皆様は、決して孤独でも何でもありません。多くの光の仲間がいます。愛と光の道を歩む同志がいます。彼らは過去の縁生で苦楽を共にしてきた愛すべき魂たちであります。

また、共に、この道を、人類救済への道を選びました。

アガシャ大王の時代、モーゼの時代、イエスの時代、アポロの時代、仏陀の時代、いつの世も、光の霊団として、世を救う霊団として出てきました。また今、この地球大変革の時代を共に選んで、自ら願って生まれてきました。

天上界からは、光の天使たちが、マスターたちが応援してくれています。天の父が、愛をもって見守っておられます。宇宙の各星々の友人たちも、協力してくれております。

臆《おく》することなく、恐れることなく、勇気と努力と智慧をもって、光の道を、愛の道を歩んでまいりましょう。

数年前の一九九八年は、マヤ暦において、新しい世紀に入る年でありました。

エドガー・ケイシーは、この年を大変革の年と預言いたしました。惑星の十字直列も、この年に起こりました。占星術においても、魚座(戦い、分離)から、水瓶座《みずがめざ》(平和、調和、統合)に入りました。

この年は、内なる神我に帰るか、外なる自我に生きるか、また、愛と光に生きる者と、そうでない者との、ふるい分けの年でもありました。それぞれが決死の覚悟、一大決心が必要な年でありました。

己に厳しく、他に寛容な心で生きていただきたいと思います。出来るところから、気づいたところから一歩一歩と歩んでいただけたらと思います。共に宇宙船地球号の為に、人類救済の為に、自らの天命を果たしてまいりましょう。

二、父と母の無限なる愛～心の交流会～

あけぼのの家にて

（大山純一）**［感謝と祈り］**偉大なる天の父よ、私たちをお導きください。天の偉大なる御光と安らぎを私たちに、今お与えください。私たちはこの世に肉体をいただき、私たちそれぞれの役目をもって生まれました。偉大なる神の子として私たちはこの地上に生まれ落ちましたが、教育や思想や習慣や環境によって、純粋無垢《じゅんすいむく》な心を濁《にご》らし、愚痴ったり、怒ったり、多くの罪を犯してまいりました。

優しいあのお母さんのお腹にいた、あの私たち。温ったかい母の胎内《たいない》で、私たちはこの世に地上に生命をもつことになりました。天の父の大いなる愛と慈悲と御光を受け、私たちは、約束の父と母のもとに降り、そして、母の胎内に十月十日入りました。

お母さんの心臓の鼓動が、私たちの耳に届いてきます。ドッキンドッキンドッキン、それは、この大宇宙が、この世に創造される時の鼓動です。

温ったかいお母さんの温もりが伝わってきます。お父さんの声も聞こえてきます。『おお、お前は、元気に生まれてこいよぉ（子供たち）お前を待っているぞ』とお父さんは呼びかけます。お父さんとお母さんは、あなたたちがこの世に誕生することを、心待ちにしています。神様の御光を受けて、あなたはこの世に誕生します。

眩《まぶ》しい、偉大なる大地。初めて私たちは、この世に神の命を受けて地上に誕生しました。何億年の過程を超えて、人類の歴史は、脈々と続き、私たちは転生輪廻を重ねて、この地上に生を受けました。そして、また、今世こうして生を受け、お父さんやお母さんに慈しみを受け、すくすくと育ってきました。

何もわからない私たちに、お母さんは、子守歌を歌い、胸で温ったかいお乳を飲ませてくれます。私たちは、ただオギャーオギャーと泣くばかりです。「お母さん、お母さんありがとう（ございます）」と心の中で叫びます。お母さんはニコニコした笑顔で、私を見つめてくれます。温ったかい鼓動、優しいこの肌のお母さんの香り。私を生まれてはじめてこの世に出してくれたお母さん、そうです。あなたの母は、大いなる天の父の〝神の愛の代理者〟なのです。母を通してあなたは、はじめて神の存在を知ったのです。無償の愛、優しい愛、病気の時は、寝ずの看病をしてくれたお母さん。また、お父さんは抱き上げて、早く大きくなれと、おんぶしたり遊んでくれたりしました。

自然の息吹が聞こえてきます。自然のせせらぎが聞こえてきます。大地は脈打ち、生命はとうとうと流れ、私たちはその中に息づいています。その時にはまだ私たちは、この大地の息吹を感ずる感覚が目覚めていません。しかし、魂は、しっかりと感じとっていました。

だんだん大きくなっていきます。そして這《は》うようになります。「こっちにおいで、こっちだよ、こっちにおいで」お父さんとお母さんは、私たちに声をかけ、呼びかけます。私は必死に、お父さんの手のなる方へ、お母さんの笑顔の方へ走っていきます。

『お母さん早くぅ、僕を抱き上げてぇお母さん』お母さんは、それでも私を抱き上げてくれません。そうです。お母さんは、私をもっと大きくもっと丈夫にする為に、ハイハイを私にさせるのでした。

ある時、高熱を出しました。ウンウンうなっています。お父さんとお母さんの優しい目は心配そうに私たちを見つめています。『早く元気になれよ』寝ずの看病です。お母さん、お父さんは一生懸命私の為に看病してくれます。『お母さんありがとう。お父さんありがとう』自分一人じゃ生きていけません。私たちはこの世に母の存在がなければ即座に死んでしまう。そういう状態になります。母のその愛の手がなければ、必死の愛の手がなければ、私たちはひとりでは生きていけない存在でした。そして、お父さんとお母さんは私たちが這《は》えば立て、立てば歩けの思いで私たちを育ててくれました。

学校に行くようになります。運動会があれば、お父さんやお母さんは応援に来てくれます。御馳走を作って持って来て、応援してくれます。かけっこでは、「がんばれ、がんばれ」と声援を受けながら必死で走ります。お父さんとお母さんの声援を背に受けて、遅い自分でも一生懸命走る姿が見えます。転んでしまった時、それでもお父さんが見ていると思ってまた、泣くのを止めて走っていきます。「がんばれがんばれ」そんな声援が聞こえてきます。

ある時は、怪我をしました。大出血です。さあ、お父さんとお母さんの顔は真っ青です。『どうしよう、どうしよう』お父さんが慌てて、応急手当をして、病院へ運んでくれました。ワンワン痛い痛いと泣きます。お母さんは、しっかり抱きしめてくれます。『お母さん痛いよぉ、痛いよぉ、助けてぇ、助けてぇ』心で叫びます。しかし、お母さんのその温かい胸に抱かれて、なぜかその痛みも止んでしまいます。

私たちは、そうして親の愛を受けて、大きくなります。しかし、私たちが一人前に物が言え、行動できるようになりますと、私たちはあたかも自分がひとりで大きくなったかのように、親に物を言い、反抗し始めます。ある時は、自分のお父さんと口げんかします。これは、たわいもないことです。お父さんに短気をおこします。『なんだ、このおやじ、死んでしまえ』いや、そうではないのです。「お父さんは、本当は、おまえのことを思っている？　どうしておまえは、わかってくれないのか」と心の中で叫びます。しかし、子供には、その心はわかりません。

ある時、盗みをします。親に怒られます。お父さんがもう死ぬほどその子を叩きます。もう自分は死ぬかと思います。もうこんな親、見たくないと思います。しかし、親は、その子を泥棒にしたくはなかったのです。人の物を盗むような子にしたくはなかったのです。お父さんは、涙を流しながら叩きます。子供のために「自分たちがこの世を去って、この子が世間様に顔向けできないことをしちゃだめだ」と愛の鞭《むち》で叩くのです。お母さんは止めに入ります。「あなた、もう止めてください」お母さんも一緒に叩かれます。「お父さん許して、やめて」そう叫びます。

私たちは父母の大いなる愛によって育ってきました。しかし、私たちは、自分がひとりで大きくなったように、そのように思っています。しかし、私たちは、親の偉大なる愛なしには、ここまで大きくなることなどできなかったのです。

皆さんの心の中にある真我。真我から皆さんの心から、「お父さん」「お母さん」と呼びかけてください。あなたの神です。お母さんはあなたの神です。あなたの心の中にある真我からあなたのお母さんに、お父さんに呼びかけてください。そうです。「ありがとう」です。「お母さん、ありがとう。お父さん、ありがとう。私を、僕をこの世に生んでくださってありがとう」……魂から叫びかけてください。この世にたった一人の父と母です。

皆さんは、偉大なる神の子です。神の光を受けた偉大なる神の子です。あなた方を産んだお父さん、お母さん、なぜ愛せないはずがあるでしょうか。許せないはずがあるでしょうか。お父さん、お母さんも戦争やいろいろな、艱難《かんなん》辛苦を経て現在に至っています。多くの艱難を苦労を通ってきた、苦しみや悲しみを抱いた存在なのです。親子であっても魂としては、同じ友です。この人生を生きていくための偉大な友です。そのお父さんの心を、お母さんの心をあなた方は、もうわかっていただける年齢になってきました。

この中にはもうすでに、父や母を失った方もおられます。しかし、今まだ父や母のおられる方は、このお父さんを、お母さんを本当に大事にしてください。あなたをこの世に産み育ててくれた偉大なる神です。また、父や母を失われた方は、その天国の父に、母に心から『ありがとう』と呼びかけてください。

あなた方のお父さん、お母さんは、あなたのもとに来られます。そして、あなたたちの姿を見て喜ばれます。「自分たちの時代は、こういうことをしなかった。おまえのために、こうしてやりたかった。ああもしてやりたかった。できなくてごめんね。優しくできなくて、思い切り愛せなくてごめんね。貧乏でごめんね。俺は、知恵がなくて、学問がなくてごめんね」あなたのお父さん、お母さんは、そう言われているかもしれません。また、あなたのお父さん、お母さんは、明日にでもこの世の命を絶たれるかもわかりません。その時、あなたは、どうされますか。お父さんが生きられた七十年、八十年の人生、あなたは、そのお父さん、お母さんと、〝分かち合いをしないのに、愛をもたないのに、許しをもたないのに〟お別れしますか。あなたのこの世に受けた、ただ唯一のお父さんです。お母さんです。そのお父さん、お母さんを、あなた方は許してあげ、愛してあげ、そして包んであげる偉大なる存在です。

子供は親に、「無償の愛」を授けます。お金に換算すると二億円にもなるそうです。多くの人が、借金を返すことなく、一生を終えるということです。その何分の一でも、お返しして天へ帰りたいものです。受けた愛や恩はそれだけではありません。大自然の愛、人々の愛、神の愛、ただ私たちはそれらをむさぼり、欲しがるだけの存在でした。気づかなかったのです。目覚めていなかったのです。

どうぞ目覚めてください。あなた方が本当にその心、その想いに生きられた時、お父さんお母さんは、本当にあなたを心から、我が子として、我が娘として、我が息子として、胸に抱かれるでしょう。その時、あなたは、お父さん、お母さんと心から真実の叫びを、お父さんとお母さんに投げかけるでしょう。

その時が本当の意味でこの世での、あなたたちのお父さん、お母さんとの、親子の本当の縁生、絆《きずな》ができたということなのです。どうぞ、皆さん、これからその努力をしていってください。そして自分を見つめて、偉大なる神の子である自分に目覚めてください。この集いの場が皆さんにとって本当の意味で素晴らしい門出であり、愛を、知恵を広げる素晴らしい場となりますように。私はそう祈っています。

［祈り］

偉大なる天の父よ。ここに集う多くの人々に、神の偉大なる御光と安らぎと、調和をお与えください。

［祈り］

集う人々の御心に神の大いなる栄光と御光と安らぎとをお与えください。神の大いなる愛をお与えください。この方々が真に神の子として目覚め、多くの人々の愛と光の礎《いしずえ》となられますように。

家庭を愛と光のファミリーとされますように。心よりお祈りいたします。

※この原稿は、心の交流会で話し合われた内容をまとめたものです。「親と子の愛」について話し合っていた際に、愛の根源を見つめ直し、また、感謝の念を湧現するために、天の父から降りました御言葉です。

親の恩、親への感謝なしには、人は神と出会うことも出来ず、真の幸せもつかむことが出来ないのです。〝悔い改め〟と〝感謝〟の涙を経た人のみが、悟りへの道、天の父との一致を成していくことが出来るのです。すでに〝光と愛〟に包まれていたことを人は知っていくのです。

自らが〝神の子〟〝神の分霊〟〝神の大生命〟であることがわかっていくのです。

三、命の尊さ

〈無限なる生命の連鎖〉

私たちの生命は、魂は宇宙の誕生、生命の誕生以来、即ちビッグバン以来生き続けております。宇宙創造から、二〇〇億年とも一〇〇億年とも言われております。

地球が創造されて四十五億年を経ております。地球は、また多くの命を育んできました。そして数百億年もの命の連鎖の中に、今の、現在の私たちの存在が、生命があります。

その生命の連鎖は、途切れることは無かったのであります。自分の存在がある為には、父母の存在が必要であります。父母が存在する為には、その父と母、即ち祖父母の存在が必要であります。そしてまたその祖父母が存在する為には、その父と母が必要であります。気の遠くなるような命の連鎖が続きます。そのいずれの生命の存在無しには何人も存在できませんでした。その生命の連鎖が途切れていたら、あなたも、私も存在いたしませんでした。その生命の連鎖の中で、父母の思いを、願いを、祖父母の願いを、命を引き継いできております。一人の命の中に、何百億、何千億の願いと命が流れてきております。決して一人の命では無いということであります。この事実を知ると魂が打ち震えます。

人は良く奇跡をうんぬんいたしますが、私は、人類の存在自身が、私たちの存在自身が奇跡だと思っております。この存在自身の他に、どのような奇跡が存在するというのでしょう。

父と母が出会うということも、奇跡とは言えないでしょうか。五十億人、六十億人とも言われる人類の中で、その二人が出会うことも奇跡と言えるでしょう。父母の、また祖父母が出会うことも奇跡といえます。祖父母の父と母が出会うのも奇跡といえます。そうしますと、奇跡の連続ということになります。その確率を掛け合わせていったらどうなるのでしょう。

「奇跡の中の奇跡」とは言えないでしょうか。その中の存在が私であり、あなたであります。そして、父母の遺伝子を引き継ぎ、祖父母の遺伝子を引き継ぎ、またその父母の遺伝子を引き継いできております。それらは始祖へ繋《つな》がっていきます。

それは、宇宙創造、生命誕生にまで逆上ります。すべての根源、創造主、人類が神と呼ぶ存在に立ち返ります。

〈光原始細胞〉

二〇〇億年、一〇〇億年の宇宙の歴史、生命の連鎖の中で、初源、原初より生命は、命の連鎖は途切れていません。累々と命をつないできました。

原初の命が、根源の命が、すなわち創造主の命が息づいて来ております。その生命は、大霊、あるいは霊魂は、永遠不滅の存在であります。

創造主、すなわち神の命と存在を現す細胞と言えます。この遺伝子、DNAを支配する生命細胞のことを「光原始細胞」と呼びます。

一人一人の命の根源、魂の根源であります。誰もがもっている細胞、存在の根源であります。「神の細胞」とも呼んでおります。常に創造して止まない無限細胞であります。

この細胞は、神の属性のすべてを保持しております。無限能力、全知全能、永遠不滅、完全であり、愛と光、智慧と力、調和と創造を現し続けている存在と言えます。人間は、神の生命、意識、「神の分霊」、「神の分身」の意味もおわかりいただけると思います。人間は、神の生命、意識、大霊をもった存在であります。愛と智慧、光と力をもった偉大な存在であります。「肉の衣を着た神」、これが人間の真実の姿であります。誰一人としてこの事実を否定できる人はおられないでしょう。

肉の衣を脱ぎ、心のスモッグを払い、とらわれから解放され、真実の自分自身の姿に帰る時が来ております。

人間は、「神の子」「神の分霊」「神の分身」「永遠を生きる高貴なる魂」であります。何と偉大で、素晴らしいことなのでしょう。このことがわかったことで、私の魂は感動と喜びに打ち震えました。「絶対安心の境地」を得ることが出来ました。

このことを真から理解した魂は、私と同じ境地に至れると思います。人生は何と素晴らしいのでしょう。生きるとは何と感動と喜びに満ちているのでしょう。

〈命のビッグバン〉

何年か前に、ＮＨＫのテレビで「生命誕生」のドキュメンタリーが放映されました。夫婦の和合により、精子と卵子が結合する瞬間をとらえたものでありました。

それは私には、感動の一瞬でありました。一生脳裏から消え去ることは無いでしょう。今でもその映像を鮮明に甦《よみがえ》らせることが出来ます。

夫婦の和合がなされると、二億近い精子が飛び出し、子宮の卵子へ向かっていきます。距離的には、数十センチでありますが、ミクロン単位の精子にとっては、膨大な宇宙的距離であります。

多くの精子は、途中で傷ついたり、力つきたり、死滅してしまいます。それらの精子を乗り越えて生き残った精子は、卵子をめがけて突進してまいります。力のある精子が、生命力ある精子が、より光り輝く精子が生き残り、兄弟姉妹の屍《しかばね》を乗り越えて突き進んでいきます。いきおい良く飛び出した精子たちも、半ば過ぎるといきおいが無くなってまいります。

その中を、生き残った精子が最後の力を振り絞って突進し続けます。その姿を見ていますと、自然と涙が出てまいります。思わず「がんばれ、がんばれ……」と、声援を送りたくなります。そしてついに感性豊かな私は、手汗握り涙を流しながら、「がんばれ、がんばれ……」と、叫んでしまっていました。

二億近くいた精子も、卵子の近くまで来ますと、二百匹ほどしか残っておりません。残った精子も、最後の力を振り絞り、もてる最大限のエネルギーを出して、卵子めがけて突進いたします。しかし卵子の壁は厚く、ことごとく跳ね返されてしまいます。

突進した精子は、跳ね返され力尽きて、息絶えてしまいます。そして次の精子が突進してまいります。しかしその精子も跳ね返されてしまいます。壮絶な命をかけての戦いであります。

そして残った精子の中の、最優秀のものが、最強力のものが、最も輝くものが、そうして、最も祝福された精子が、全精力を込めて卵子めがけて突入いたします。二億の精子の兄弟姉妹の生命と、願いと、希望と愛を全身に受けて突進いたします。そしてついに卵子の壁を打ち破り、聖域へ入ります。

その瞬間、卵子の全体が光り輝きます。「ボァッー」と、卵子の宇宙が、発光いたします。花火が炸裂《さくれつ》するような、宇宙が大爆発を起こした、そのような閃光が走ります。ただただ感動と感嘆の声を上げるだけであります。これこそ「生命のビッグバン」だと思いました。

二億の精子の中の一匹のみが、命の輝きを勝ち得ました。そういたしますと私も、あなたも二億の中の、最優秀、最光輝の命の存在、光の存在ということになります。この事実を知ると勇気と自信と力が湧いてまいります。

そうして、細胞分裂が始まり、母の体内の中で十月十日して、私たちは、誕生いたします。私たちの存在の前に、このような命のドラマがあったということに、深い感銘《かんめい》を受けずにはおられません。命の尊さを思います。

そして私の命を、あなたの命を生む為に、一億の兄弟姉妹の命の犠牲《ぎせい》と、彼らの願いと希望と、愛が込められていたことに心を開かなくてはならないと思います。

私たちは、彼らの分まで命を輝かせ、勇気をもって愛と智慧と光を放っていかなければいけないと思います。それが私たちに命を託した同胞たちへの何よりの報恩だと思っております。

〈胎教〉

胎教については、古来より日本では、大切にされ伝承されてきました。

現在でも皇族をはじめ、心ある方々の中に伝えられ、保持されてきております。しかし心の喪失による無霊魂思想、無神論思想の蔓延《まんえん》と共に、唯物主義、物質文明の謳歌《おうか》主義は、日本の古き良き伝統まで凌駕《りょうが》せんといたしております。悲しいことであります。

夫婦が結婚して、子供がお腹の中に宿った時、すでに子育て、教育は始まっているのであります。それゆえ、古来より子を身ごもった母親は、より心を穏やかにして、平穏と愛情の豊かさと、情操の練磨に努めました。そして、夫婦の愛和にもより努めました。

「良き書に接し、良き人の話を聞く」「良き音楽を奏で、良き音楽を聴く」「殺生を避け、花を愛でる」「自然を愛し、自然と遊ぶ」「憂い、怒り、愚痴を発さず、喜びと、感謝と、愛に生きる」「祖父母、父母の智慧に従い、それに孝行する」「夫婦和合、陰陽調和を成す」「胎内の子と語らい、愛和する」「仏心を養い、神を敬愛する」

そんな夫婦に素晴らしい子供が生まれないはずがありません。何と素晴らしい古代大和の智慧なのでしょう。感嘆の意を、発せずにはおられません。

お腹の赤ちゃんと母親は、肉体的にも、精神的にも、また霊的にも繋《つな》がっております。母親の一挙手一投足が、お腹の赤ちゃんに感応いたします。母親の一つ一つの思い、感情がそのまま伝わっていきます。

母親の喜びも、悲しみも、その心の印象が胎内の赤ちゃんに感応し、影響を与えます。それだからこそ胎教は、大切であります。その為にこの大和の国では、胎教を最も重要視して民族の秘儀として伝承してきたのであります。

女性は、お腹の中に赤ちゃんを宿した時に母親となります。女性としてありながら、結婚して妻となり、そして更に母として魂をより大きく豊かに昇華させていかなければなりません。

そこに女性の特権があり、またその尊さと、偉大性があるといえます。

女性は、赤ちゃんを身ごもった時、自ずと心からの喜びと感謝と感動が湧きあがってまいります。神の子として、生命の神秘に触れた者としての自然の姿と言って良いでしょう。命の奇跡が、愛の結晶がそこに輝いているからであります。初めて自分のお腹の中に生命を宿した時の感動は、筆舌に尽くしがたいことと思います。

「光原始細胞」で述べましたように、宇宙創造以来、生命の始原以来の二〇〇億年の宇宙の歴史、生命の歴史を体現しているのであります。

「光のビッグバン」で述べましたように、胎内の生命が誕生するには、一億の精子と一つの卵子との偉大で、壮絶な出合いのドラマがあります。その尊さの中で孕《はら》まれた命であります。

その宿った命の中に、遺伝子の中に父母の、祖父母の、その祖父母の、累々と続く先祖の、始祖の命と、願いと、夢と思いが込められております。すべての結集したものが込められております。偉大な創造の命の花が咲いております。それらをも含めて、人は生命の誕生に感動し、魂が打ち震えるのであります。

その偉大な尊い命を身に宿した母の喜びは、言い尽くせず、表せ尽くせないのであります。母の胎内にある十月十日の、母の身ごもれる優しさ、生まれて来る我が子の幸せを思う無限無量の思い、慈愛の眼差し、この母の愛が断ち難い深い絆《きずな》となって、更に胎児との命を、魂を固く強く結びつけるのであります。そうして胎児は、その無条件の愛にすべてを委ね、慈愛と光の胎内の命の海の中で、成長していくのであります。

〈母の胎内と赤ちゃん〉

赤ちゃんのいるその母の胎内が慈愛と光、安らぎで包まれていなかったならばどうなるのでしょう。胎児の母に、悲しみがあり、苦しみがあったらどうなるのでしょう。喜びも平安も無く、苦悩と不調和(愚痴、不平、非難、裁き、怒り、嫉妬、憎悪、欲望、分離、拒否、罪悪感、自己卑下、執着等の心)に満ちていたらどうなるのでしょう。

慈愛と光の、安らぎの母の胎内が、闇ととらわれと、苦悩と不調和に包まれていたら、胎児はもがき苦しみ、悲しみと不安に身も心も打ち震わせることでしょう。

全身全霊を込めて母に訴え続けるでしょう。「お母さん助けて」「お母さん苦しいよ」「お母さん何とかして」と助けを求めるでしょう。父にも訴え続けるでしょう。「私に、愛をください。光をください。安らぎをください」と求め続けることでしょう。

夫婦が不調和でしたら胎内の子は、光と安らぎを得ることは到底出来ません。夫婦の間に愛が通っていなかったら、喜びが満ち溢れていなかったら、お腹の子はどうなるのでしょう。夫婦の間に敬愛と感謝が無かったら、お腹の子はどうすれば良いのでしょう。その時のお腹の子の状況、気持ちを思えば胸が痛くなります。

峻厳《しゅんげん》な生命の誕生、神の光を受けた光の天使の誕生を思うと、心が重くなるのは私だけではないでしょう。

ましてや、夫婦や周囲との不調和やとらわれを通して、胎児の母が「この子は生みたくない」とか「この子は生まれない方が良い」「この子がいなければ別れられたのに」「この子がいなければ、自由になれたのに」等の思いをもっていたとしたら、その胎児の状況は、気持ちはどんなになるのでしょう。

愛と安らぎの母の胎内宇宙が、赤ちゃんにとっては暗黒と孤独と、不安と苦悩の胎内に変わってしまいます。その淋しさと悲しさと、不安と苦悩は計り知れないものがあります。

夫婦の愛情、心の交流、調和の大切さを更に深く思うものであります。

〈胎教の大切さ〉

私の古い知人の奥さんが、妊娠いたしました。妊娠したことはとても喜ばしいことでありました。しかしその友人には難しい問題が待ち構えておりました。知人は幼い頃、近所に住んでいた叔母の家へ頻繁に遊びに行っておりました。

叔母夫婦に良くなついていましたので、養子縁組の話がもち上がり、知人は兄弟姉妹も多かったこともあり叔母夫婦のもとへ養子に行きました。知人が結婚した頃から両家の関係がうまくいかなくなりました。原因ははっきりわかりませんでしたが、私の知人夫婦の苦悩は大変なものがありました。

苦渋《くじゅう》に満ちた夫婦の相談に乗ったこともありました。「お腹の子のこともあるから、大事にしないと。あまり気苦労をしてはダメだよ」と、アドバイスしてあげたことを覚えております。

両家のゴタゴタが長く続いたものですから、気の優しい奥さんの心労は大変なものでありました。それから何ヵ月か後に、夫婦が訪ねて来ました。

二人のしょげた沈んだ顔を見て、「もしかしたら」と、不安がよぎりました。その不安は的中しました。「待ち焦がれていた赤ちゃんは、死産でした」二人は、涙ながらに語ってくれました。私も、二人の心情と赤ちゃんの心を思うと胸がつまりました。

「楽しみにしていたのに、残念だったね……」と、言葉をかけたきり、何も言えませんでした。この時私は、改めて胎教の大切さを知らされました。このことを多くの若い夫婦にお伝えしなければいけないと深く思いました。

夫婦は、妊娠し胎児が宿った時、より愛深く愛和し、助け合い理解し合わなければなりません。不調和なことやゴタゴタから遠ざからなければなりません。周りの人々も理解して協力して援助しなければなりません。素晴らしい天使が、人類の宝が誕生するのですから。自らもいっぱいの理解と援助と、愛をいただいてきたのですから。

確かに赤ちゃんの不健康、不調和の原因は、戦争、事故、不衛生、公害汚染、放射能、細菌、ウイルス、食べ物、薬害、遺伝などの場合もあります。しかし、それらの原因があるとしても、「胎教」は私たちに大きな啓示を与えております。

胎児がお腹の中にいる時、悲しみや苦しみ、ゴタゴタや不調和がありましたら決して良い子は生まれません。「胎教」を学ばれた方々はおわかりのことと思います。

骨の発育が悪かったり、知能の発育が遅れていたり、未熟児であったり、障害をもっていたり、健康で生まれない子供たちも、胎教の影響が大きいのであります。水子や死産の場合も、原因の多くに胎教があります。

子供の成長、発育過程において、その母親の置かれた環境、精神状態、心の持ち方によって、胎児は大きく左右されます。それが脳の発達する時でしたら、脳に障害が出やすくなります。

心臓が形成発達する時は、心臓に障害が出やすくなります。脊髄の時は脊髄に、骨の時は骨にと、その臓器の成長に大きな影響と障害を残すことが多くなります。それゆえ胎教は誰もが知らなければならない大切な伝承、教えであります。

もし不幸にも、そのような子供さんをもたれた方がおられましたら、自分の妊娠中のことを振り返ってみてください、思い当たられることがあると私は思います。今すぐ思い出されなくとも、いつかきっと「あぁ」と、腑《ふ》に落ちることがあられると思います。

人間の体は、自然治癒力という、回復力、再生力、免疫力、防御力、生命力、恒常性等の神から授かった力をもっております。病気になったとしても、体に不調和が起こったとしても、また不都合が起こったとしても、元の健康体、健全体に返ろうといたします。普通は自然に則っておれば、生まれた命の状態を保とうとし、それに限りなく近づいていきます。

それが創造の神から与えられた力であります。前に述べました「光原始細胞」の創造し続ける偉大なる「神の細胞」の力であります。

特に母親の胎内においては、宇宙創造、生命の原初の「ビッグバン」の状態でありますので、その生命力は強力であります。その為体の弱かった母親も子供を孕むと、活力と光に満たされ、元気になられる場合が多いのであります。もっていた持病も回復してしまうのであります。創造エネルギー、生命エネルギーに満たされるからであります。

しかしこれも母親の肉体、精神の限界を超えると、再現力、回復力の限界を超えると支障をきたしてしまいます。細胞の分裂、発育、成長がうまくいかなくなってしまいます。母親に、愛と光と、安らぎが失われた状態、心の調和が保たれなくなった時、胎児の上に色々な支障が起きてまいります。母親とお腹の胎児とは、肉体だけでなく、精神で繋《つな》がり、また霊的にも繋がっております。以上からも、胎教の尊さがわかるでしょう。

〈命の輝き〉

母親がお腹に赤ちゃんを孕んだ時、「この子は生みたくない」「この子は生まれないほうが良い」、また「この子をおろしたい」と思ったら、お腹の子はどんなにか悲しみ、苦悩することでしょう。

夫、また周りの人々への思いを、周りの環境への不調和の思いを、お腹の子に向けたとしたら、母の愛にしか頼るすべを知らない無垢《むく》の天使は、母の愛を信じ続ける以外になすすべを知らない赤ちゃんはどうすれば良いのでしょう。子供を身ごもった母親も、これから結婚して子供を生んでいく女性も、ここに深い理解と、智慧と、愛情をもたねばなりません。

幸いに健康な子供が生まれたとしても、もし子供を妊娠した時、不調和な想念、否定的な心の印象を抱いていたとしたら、それは胎児の心の中に宿り、不燃焼の満たされない思いが、安らげなかった不安定な思いが、いつの日にか発火しないとも限りません。やがてその子が大きく成長してから、その子に悩まされたり、泣かされたりすることにもなりかねません。

もしそのような方がおられましたら、自分が妊娠していた時のことを振り返り見つめてみてください。その時の思念、行為を一つ一つ丹念に追っていかれることにより、心の中のしがらみ、不調和な思い、不燃焼の思いが解《わ》けてまいります。

そして心から、子供に詫びることであります。妊娠していた時の時点に返り、お腹の子供に許しを請うことであります。懺悔《ざんげ》されたら良いと思います。その時すべてが許されます。光で満たされます。心からの反省をされた時、涙が頬を伝っていくと思います。

知らなかったからであります。智慧が無かったからであります。神理の光に浴していなかったからであります。間違いを犯さない人は、罪を犯さない人は誰一人としていません。

悔いることによって、謝ることによってすべては許されていきます。人生には、「愛と許し」しかありません。「許すより大いなる愛は無い」といわれたイエス様の、深い愛を思います。言葉に出さなくても、母親の我が子への祈り、言霊は通じます。愛と光となって愛する子の心に届きます。

そうすることにより、悩まされ、泣かされた子から解放されます。子供の非行も、不調和も改善されていきます。子供の魂は光り輝きます。心のわだかまりが母親の懺悔と、愛の言霊と祈りによって開かれてまいります。愛の勝利であります。母の愛の偉大なる勝利であります。

〈勇気ある大和の母〉

私の知人が、ある時訪ねて来ました。奥さんが妊娠されたということでありました。「それはよかったですね、おめでとう」と、お話をいたしますと、少し困った顔をされていました。お話を良く聞いてみますと次のようなことでありました。

彼の奥さんはバセドー氏病を患っていました。長いこと病院に通い、薬を飲み続けておりました。バセドー氏病の薬は、とても強い薬であります。

体調がいつもと違うので、産婦人科を訪ねました。そういたしましたら妊娠ということがわかりました。産婦人科の先生に「この子を生んでよいか」と相談をもちかけたそうであります。

この夫婦にやっと授かった子供でありました。産婦人科の先生にバセドー氏病のこと、長いこと妊娠しているとも知らずに、この治療薬を飲んでいることを告げましたら、「残念ですけれど生むのは止めなさい」と、助言されたそうであります。

妊娠の喜びも束の間、医師の言葉に夫婦は奈落の底へ突き落とされてしまいました。長いこと待ちに待ってやっと授かった子供であります。この機会を逃すと、またいつ授かるかわかりません。医師の言葉は、夫婦への悲しみと苦しみへの選択の要請でありました。

奥さんは泣かれたそうであります。「子供を生みたい、我が子を生みたい、愛する主人の子供を生みたい」これが女性の、妻の、母親の心からの情愛であり、願いであると思います。

夫婦は、バセドー氏病で通っております市立病院の先生方にも相談されました。五つ子で有名な、優秀なスタッフのいる総合病院であります。しかし、一人の先生を除いて、すべての先生方が子供を生むことに反対されました。医学の常識では、この状況では堕胎することを勧められるのであります。バセドー氏病を患っていること、妊娠していると知らずに薬を飲み続けていること、年齢も若くないこと等、色々なことを総合的に判断しての先生方の判断であったと思います。

そういうこともあって、知人は悩んで悩んで私のところを訪ねて来たのでありました。待ちに待って、やっと待望の奥さんの妊娠ですが、そこには喜べない複雑な思いがあったわけであります。

私は「奥さんも連れて来てください。その時詳しく話をしましょう。胎教についても話をします」と、言いました。

数日が経って、夫婦で私の許を訪ねて来られました。鹿児島のミス（美人コンテスト）に選ばれた程のきれいな方でしたが、病気と妊娠における色々な悩みでやつれておられました。奥さんの思いが伝わってまいりました。

私は「胎教」について話をいたしました。大和民族の古来の智慧を詳しく語りました。また、色々な胎教についての体験談を話しました。

二人の顔に明るさが、希望の色が見え始めました。奥さんの瞳が輝いてまいりました。私はこの時、希望がもてる、大丈夫との確信を得ました。

二人の希望の色、胎教への理解、神理への受納、私に寄せる信頼、これがあれば絶対大丈夫と思いました。奥さんの〝何としてでも生みたい〟という、その思いは尊くうれしいものだと思いました。

「生みなさい。大丈夫です。どんな病気であろうと、どんな強い薬を飲み続けていたとしても、医者が皆反対しても大丈夫、生みなさい」

「二人の愛があれば、お腹の子への親の限りない愛があれば大丈夫。必ず健全な丈夫な子供が生まれます。誰が何と言おうと二人の愛の結晶、深い絆で結ばれ宿った赤ちゃんを生みなさい。心配は決していらない」

「私が話した胎教を心に留めて実行しなさい。お腹の赤ちゃんに話しかけてあげなさい」

　知人の奥さんは、次のように語りかけられたのではと思います。

「お母さんはがんばるよ。あなたが生まれてくるのを楽しみにしています」

「私たちのところへ生まれてくれてありがとう。お父さんを、お母さんを選んでくれてありがとう。やっとやっと神様から授かった子だから、大事に大事に育てます。元気で生まれ出ておいで」

「あなたがお腹の中に宿っていることも知らずに、強い薬を飲み続けてごめんなさい。苦しかったでしょう。辛かったでしょう。ごめんなさいね」「でもあなたが私のお腹に宿ったとわかった時、天にも昇る思いでした。お母さんうれしくて泣いたよ。だって待ちに待って授かった赤ちゃんだもの」「色々悩んだりしたけれど、私はあなたを生みますよ。勇気を出してがんばるよ。お父さんと力を合わせてがんばるよ」「あなたが生まれてくる日を楽しみに待っていますよ。いっぱいいっぱい愛してあげる。私たち夫婦を選んで来てくれたのだから。私を信じてきてくれたのだから」「ありがとう、ありがとう、私の愛する天使よ、喜びに満ちた家庭を築いていきましょう。愛の家庭を築いていきましょう」

お腹の赤ちゃんは、お母さんとお父さんの思いと呼びかけに、どんなに歓喜したことでしょう。夫婦は周りの反対を押し切って、お腹の子を生む決心をされました。

夫婦は、胎教と夫婦の調和に努められたと思います。その後一度だけ私の許を訪れられましたが、母子共々元気だということでした。

母のこの子を生みたいという強い意志と、お腹の子への限りない愛と、夫婦の調和と、そして胎教が功を奏したのでしょう。半年余りして、その夫婦が満面の笑顔を浮かべて、私の許を訪ねて来られました。奥さんの腕の中には、色の白い大きな健康優良児そのものの可愛い赤ちゃんが抱かれていました。

無邪気な可愛い赤ちゃんの笑顔に、私も思わず笑みがこぼれてしまいました。「ありがとうございました」と言われた夫婦の言葉の中に、万感の思いが籠《こ》もっているように思えました。

「おめでとう。良かったね」と、夫婦に言葉をかけました。

錯覚かもしれませんが、その赤ちゃんが私に、「先生ありがとう」と言ってくれたように思えました。

〈胎児との対話〉

私は、不思議な体験を色々しております。長女のみどりが妻のお腹に宿った時は、イエス・キリストの弟子のパウロという方が受胎告知にこられました。

三歳ぐらいの色の白い可愛い子でありました。背中には白い小さな羽がついていました。その子の手を引いて、天界から降りて来られました。

「あなたの子供になる方を、お連れいたしました」「準備は整いましたか」パウロは、ハッキリと、私にそう言いました。そのことを妻に話してのち、産婦人科を訪ねましたら、妻の妊娠を告げられました。次の女の子も、男の子の時も知らせがありました。男の子は名前まで指定されました。親子の縁は、改めて約束事であることを知らされました。

末娘のひかりが、妻のお腹の中に宿った時のことであります。

妻と薬屋や治療院のこと、将来のことを話していますと、私に呼びかける声がします。幼い声のように思えました。辺りを見回しても誰もいません。妻と二人だけでありました。

「お父さん、私です。お母さんのお腹にいる私です」と、ハッキリ聞こえてきました。私は、ビックリして思わず妻のお腹を見つめてしまいました。

その声は、まさしく妻のお腹の中から響いてきていました。私に呼びかけていたらしいのですが、私が忙しさなどから聞く耳をもっていなかったのであります。赤ちゃんに心を開いていなかったのであります。以前にも似たような体験があったことも思い出されてきました。

赤ちゃんは、ずうっと呼びかけていたのであります。こちらが気が付かなかっただけでありました。夫婦が調和して、心を清浄にして、愛と平安の心をもてばいつでも、赤ちゃんの言葉を、心を受け取ることが出来ることを発見いたしました。このことは、私にとっては、大きな喜びであったとともに、私の神理の伝道に勇気と希望と、光明をもたらしてくれました。

娘のひかりは、大好きな私たち二人を選んで来たことを告げました。天のお父様から「お父さんを助け、協力しなさい」と言われてきたことも伝えてくれました。

「私は、お父さんのお手伝いをする為に生まれるの。イエス様やいっぱいの天使たちと約束して来たの、お父さんを私が守ってあげる。親孝行するからね。大事に育ててね」と、そんな言霊が響いてきました。その当時は精神的にも、経済的にも苦境にありましたので、その言霊を聞いた私たちは夫婦して泣いてしまいました。お腹の子が、どんなに私たち夫婦に勇気と力を与えてくれたことでしょう。どんなに愛の素晴らしさを教えてくれたことでしょう。

「子供は宝。神様からの預かりもの」このことが芯からわかりました。私たち夫婦が、子供が生まれる度に勇気が出て、喜びに満ちていった意味が良くわかりました。子供から勇気と力と、喜びと智慧と、そして愛をもらっていたのであります。

この末娘の誕生以来、私はお腹の中の赤ちゃんと対話できるようになりました。これは私だけでなく、誰にでも出来ることであります。胎児からの愛のメッセージに耳を傾けましょう。

胎児からの言霊を聞ける夫婦となりましょう。

最近二、三人のご婦人から続けざまに相談がありました。お腹に身ごもった赤ちゃんのことでありました。

一人のまだ若い婦人からの相談でありました。「妊娠してとてもうれしいのですが、お腹の子を生む自信がありません。まだ経済的にも、精神的にもゆとりがありません」「この子を生んでも、幸せにしてあげられるという自信がありません。とても悩んでおります」この方は思いがけない妊娠にうれしさもありましたが、今の自分たちの経済状態で、子供が出来てもやっていけるものなのか、妊娠による心の負担と母親となる責任感等、まだあどけなさが少し残る顔の彼女には、心のゆとり、心の準備がまだ整っていなかったのではないでしょうか。

その方のお話を良く聞いてから、「胎教」について詳しく語りました。

子供は天からの授かりものであります。神様から預かった子供を、一人前に、人様のお役に立つように、天の父の代わりに育てさせていただくのであります。

偶然に訳も無く生まれるのではなく、親子の縁生、契りによって生まれてまいります。子どもは親を選んで生まれてまいります。親を信じて生まれてまいります。両親の絶対なる愛を信じて生まれてまいります。親もまた、我が子となる魂を選んでまいります。

「この子を立派に育てよう。人の為に生きられる素晴らしい子にしよう。この子供たちと素晴らしい光と愛の家庭を築いていこう」と、願ってまいります。これが親の真の情であります。

この思いで、胎教を大切にして育てられますと、素晴らしい子供が生まれ育ちます。親も子育ては初めてで、手探り状態でありますが、子育てを通じて親も大人に成長していくのであります。「教育は共育」と言うわけであります。

その方と話しておりましたら、お腹の赤ちゃんから呼びかけがありました。

「私のお母さんを勇気づけてください。私を生む勇気をもつように力づけてください。お願いします」「私は、お母さんが大好きだから、お母さんも大変かも知れませんが、お母さんの子として生まれたいのです」「やっと肉体をもつことが出来たのです。必ず親孝行します」「私を生んで良かった、きっとそんな日が来ます。先生から母に、そのように伝えてください。お願いします」……私も胸が熱くなり、涙がこぼれ落ちました。

お腹の赤ちゃんから来た言葉を母親に告げましたら、声を出して泣かれました。家庭の事情、夫婦や自分の都合や考えだけで生むの生まないのと心を乱し悩んでいた自分。肝心のお腹の赤ちゃんのことなど、宿った尊い命のことなど配慮もしていなかったことに、申し訳なさ愛の無さを感じ入られたのだと思います。

お腹の子に泣きながら「ごめんね、ごめんね。お母さんを許してね」と、ささやいている母の姿が私の目に映りました。

お腹の子は「お母さんがんばれ、お母さんがんばれ」と、声援を送っておりました。母はお腹の子を撫《な》で慈しんでおりました。この時母は、天から授かった子を、天使を生む決心をしたのでありました。

私を見上げたその方の顔は、光り輝いておりました。無垢《むく》と慈愛と智慧を兼ね備えた観音、菩薩の姿がそこにはありました。天の父の子を身ごもる愛と光の化身の姿に、私の手は自然と合掌しておりました。

私が、女性で一番美しいと感じるのは、妊娠している姿、夫婦の愛の結晶・調和の光をお腹に授かっている姿であります。天の父の子をお腹に抱いている姿であります。そしてまた、愛する子供を出産した直後のお母さんの姿、赤ちゃんを抱き上げているお母さんの姿であります。それはそのまま聖母の姿であります。愛の化身、神の化身の姿を思います。とても崇高な気持ちになり、愛と安らぎと、幸せを感じます。

その方は、相談に見えた時とは打って変わって、輝いて帰っていかれました。私の心も涙と喜びに包まれたことは言うまでもありません。夫婦の幸せを、母と子の幸せを、心から祈りました。そして天の父に感謝を捧げました。

〈胎教と反省〉

〈胎教〉の大切さを述べてまいりました。今までの医学、特に産婦人科、小児科医は肉体的、生理学的研究はしてこられましたが、母と胎児の関係、胎児の心については深く研究されてきておりません。

これらが無形の心、情緒の問題であり、形として現れないのも原因がありますが、胎教の伝承、その研究家や私の体験から、改めて胎教の大切さが浮き彫りにされます。現今の世相を見るにつけ、古来からの日本民族の智慧、胎教の復活が重要だと思われます。

私たちは、お腹の子が出産誕生してからが、子育て教育の始まりと考えてしまいがちですが、そうではありません。子供の魂は、母親の胎内に宿る以前から、妊娠・出産のすべての過程を知っております。母親の心と一体となっております。

妊娠中の母親が、悲しんだり苦しんだり、怒ったり憎んだりして心が不安定で、不調和になっておりますと、お腹の胎児は母親のその心をいち早くキャッチして心を深く悩ませます。

そのダメージが強く、長く続くと胎児への影響は大きいものとなります。胎児の心に、潜在意識に、遺伝子に影響を与えます。胎児の体の分裂成長過程において、その時の器官臓器の成長、成熟に欠陥、障害をもたらします。

医学的見地から言いますと、そのようなダメージ、ストレスは母親の自律神経のアンバランスを生みだし、ホルモン免疫系を乱し、本来備わっております自然治癒力を阻害してしまいます。怒りや深い悲しみは、体に不調和と、不健康をもたらします。

ある医学科学者の研究によりますと、人が一時間怒り続けた、その人の吐く息の抽出液は、八十数匹のはつかねずみを殺す程の力があるという臨床結果を得ております。そのことを学んだ時は身震いいたしました。心と体の深い関係を、心身医学は証明いたしております。心身医学を学ぶに当たって心と体の切っても切れない深い関係、心が体に及ぼす影響についての深い造詣《ぞうけい》を得て、改めて胎教の大切さを認識いたしました。

母体はホルモンバランスの異常、血液の酸性化、体毒の産出等によって異常を来します。それらが母親と胎児を結ぶ胎盤を通して、胎児に多大な影響を与えていくのであります。

胎児や赤ちゃんは、未熟であったり、一人前の人間で無いという考えは、改めなければなりません。胎児や赤ちゃんは、肉体的には未熟で一人前ではないかも知れませんが、精神的には、霊的にはれっきとした一人前の人間、魂であります。

それゆえに胎児や赤ちゃんに対しても、深い理解と、一人の人格者に対しての尊敬と敬愛の心をもって接しなければいけないのであります。

母親の悲しみ苦しみは、即お腹の胎児の悲しみ苦しみになり、反対に喜び幸せは、胎児の喜び幸せになります。不安や不調和な心は、即胎児の不安や不調和を招くのであります。母親のそういう不安や満たされない心、不調和な心は、悲しいことに流産や未熟児、障害をもった子を出産しやすくなります。胎教の大切さがわかれば、そのような悲しいことは少なくなってまいります。その為にも若い女性に、これから結婚される方々に、胎教を広めていきたいと思っております。

また健全、健康な赤ちゃんが生まれたとしても、母親がお腹の胎児に与えた心の思念や心の影響は、その子が思春期の頃になって現れることが多いのであります。

生まれてからの育児、教育、両親の心の持ち方、生き方はとっても大切でありますが、胎教の重要性を忘れてはなりません。

思春期に子供が、親に暴力を振るったり、反対に鬱《うつ》になって家に閉じこもったりするのも、情緒不安、不調和を来すのも胎教からきている場合が多くあります。

もしこういう子をもたれた方がおられたならば、その子供さんをお腹に身ごもった時のことを振り返ってみられたら良いと思います。苦悩困難の時の子供であると理解されると思います。「この子を産みたくない」「主人を好きになれない」「主人を許せない」「いっそ流産すれば良いのに」「子供が生まれなければ自由なのに」「子供がいなければ別れられたのに」等、不安定な、不調和な心をもたれた方々が多いのであります。

そういう方々は、自分がその子をお腹に孕んでいた時のことを思い出し、妊娠中の心になって心から反省され、懺悔され、その時を愛と光と感謝で包まれますと、不思議と子供の問題は解決してまいります。その子の後ろ姿に、寝姿に祈られることであります。涙でもって償われることであります。その時、親子の間に横たわっていた不調和の想念も、心の歪みも、心のしこりも解け、解けて流れてしまいます。

神理を知らなかったから、無知であったからそうなったのであります。そこに愛と光と、感謝を灯していくのであります。祈り続けられ、愛光のエネルギーを注がれることによって、その子は天使へと甦ってまいります。

元々は、天の父から送られた父の子供、すばらしい天使であったのですから。そうしてこのことを通して、夫婦が見つめ合い反省し合い、許し合い感謝し合い、愛し合っていくことによって夫婦は、完成されていくのであります。

育児の成功の秘訣は、良い子を産む秘訣は、妊娠する前から夫婦相和して、心を愛と光で満たし、お腹の子を愛し祝福し、天の父の子を授けていただいたことを心から感謝することであります。

その子は言わなくとも親に孝行をし、自らの命を輝かせ、愛と智慧を花開かせ、周りの人々に幸せをもたらし、人類に大きく貢献していくのであります。

四、光を求めて

〈第一回反省研修会〉

心の交流会センター〝あけぼのの家〟の第一回反省研修会が開かれました。かねてより計画的に、統一的に、集中的に反省会を開きたいと思っておりましたので、その希望が叶えられとてもうれしい気持ちでした。第一回目の参加者は八名でありました。中学二年生から大人まで、自己を振り返られました。神理正法の光、慈悲と愛の光の中、心を浄化され、心身を癒されてまいりました。父母の愛の深さ、大自然の大愛、天界の天使たちの働き、先祖の霊の働き、そして何よりも神の御心のままに、生かされ生きていること。愛され続けてきた、自らの存在に気づいてゆかれました。

〈心の浄化〉

心の中に積もった塵《ちり》や埃《ほこり》。何十年も積もり積もっておりました。何故なら、今まで心の中の掃除をしたことがなかったからであります。そのことを指導してくださる方も、掃除や浄化の方法を知らなかったからであります。怒り、愚痴、欲望、ねたみ、うらみ、高慢、自己卑下、悲しみ、苦しみ、諸々の人生の悲苦を胸の中に閉じ込め、とらわれの中で苦悩してこられました。

反省、止観して過去を振り返ってまいりますと、自らの姿が浮き彫りにされてまいります。〝もっともっと、愛して欲しい。包んで欲しい。理解して欲しい。許して欲しい〟とそんな思いが、心の奥底にあります。みんなみんな愛されたかったのであり、愛が、安らぎが欲しかったのであります。自己の偽我が、自己中心の思いが、自らを誤らせていたのであります。すべては「自己保存」「自我我欲」が原因であります。〝自分さえよければ自分が利すれば、自分が楽になれば〟と自己しかなかったのであります。自他を、比較、差別、分離してまいりますと、そこに苦悩が生じてくるのです。

〈人類誕生の神理〉

宇宙万物は、創造主（神）によって創造されました。ゆえに、この宇宙は法（宇宙法則）によって調和統合されています。それは、「大調和の法則」、「循環の法則」、「愛の法則」であります。人と人は、同じ命につながった存在であります。ビッグバンの如く、一つの宇宙創造の光、根源のエネルギー、大生命、大神霊が分かれた存在であります。永遠の過去より永遠の未来へと生き続ける不滅の存在、神の分霊、大生命の光であります。ゆえに、人間は霊（魂）であり、肉の衣をまとい、輪廻を続け、不滅の存在であります。人間は、〝宇宙進化の神の代行者〟として創られたのであります。だからこそ〝万物の霊長〟と呼ばれております。光の世界から下り、光の世界へ帰っていく存在であります。みんな魂の願いをもって下生し、縁生によって、親子、兄弟姉妹、夫婦、師弟、友人知人となる存在であります。

人は未学習の部分、未熟な面をより学び、体験し、智慧を得る為に、愛をもっと感じ、同胞の為にもっと生きられるよう、再生してまいります。そして、互いに共に地上に出ることを願った魂であります。互いを愛し合い、許し合い、理解し合い、成長し合う存在として生まれてまいります。喜びを、悲しみを、苦しみを分かち合う存在として出てまいります。

〈人生の目的と使命〉

地球は学習の場（実験の場）、修養の場であります。人は、何の目的も無く、意味も無く生まれた存在ではありません。「使命と目的」があります。あなたは「あなたは誰ですか」と問われた時は、何と答えられるでありましょうか。多くの方々は、自分の名前を答えられるかも知れません。しかし、その名前は、父と母が地上で過ごす便利性と慣習の為に肉体船につけられました。名前のついていないあなたは誰でありましょう。名前も職業も、地位も名誉も取り去った時の、あなたは誰でしょう。何者なのでしょう。そのことが一番大切なことであります。何故ならあなたの本質であるからであります。また「あなたは何の為に生きるか」と問われた時、あなたは何と答えられるのでありましょうか。お金の為ですか。食べる為ですか。出世の為ですか。良い地位を得んが為ですか。生活の為ですか。家族の為ですか。何もなく根無し草のように生きる為ですか。人間としてこの人生においてもっとも大切な命題を問いかけ、求めて生きてこられたでしょうか。

あるいは「誰か」という問いは、衣食住よりも、お金よりも、地位名誉よりも、ある意味では〝命〟よりも大切なものと言えます。孔子は次のように言われました。「朝に道を聞かば、夕べに死すとも可なり」と。道とは、人生です。自ら自身です。神理です。聖賢の求められた志の、何と気高いことか。孔子の偉大さがわかってまいります。そして最後に「人はどこから来て、どこへ行くのか」という問いであります。そのすべては、聖賢の言霊の中に、書の中に見出すことが出来ます。何よりもイエスの生き方に、愛の教えの中に、聖書の中にあります。釈迦の仏法の中に、仏典の中に見出されております。

〈イエスの愛の道〉

いつもいつもイエス様を想うと胸が熱くなり、自然と目に涙が滲《にじ》んでまいります。「愛に生きよ。汝、己の如く生きよ」というイエス様の呼びかけを感じるからであります。己の愚鈍さ、努力の無さに憤ると共に、また自らにムチ打ち努力精進に心掛けております。

「山上の垂訓」を懐かしく思います。

「心の貧しい人々は、幸いである。天国はその人たちのものである」

「悲しむ人々は幸いである。その人たちは慰められる」

「柔和な人たちは、幸いである。その人たちは地を受け継ぐ」

「義に飢え渇く人々は、幸いである。その人たちは満たされる」

「憐れみ深い人々は、幸いである。その人たちは憐れみを受ける」

「心の清き人々は幸いである。その人たちは神を見る」

「平和を実現する人々は、幸いである。その人たちは神の子と呼ばれる」

「義のために迫害される人々は、幸いである。天国はその人たちのものである」


私の好きな御言葉が続きます。

「求めなさい。そうすれば与えられる。探しなさい。そうすれば見つかる。門をたたきなさい。そうすれば開かれる。誰でも求めるものは受け、探す者は見つけ、門をたたく者は開かれる。あなたがたの誰が、パンを欲しがる自分の子供に石を与えるだろうか。魚を欲しがるのに、蛇を与えるだろうか。このように、あなたがたは悪い者でありながら自分の子供には良い物を与えることを知っている。まして、あなたがたの天の父は、求める者に良いものをくださるにちがいない。だから人にしてもらいたいと思うことは何でも、あなたがたも人にしなさい。これこそ律法と予言者である」

また「あなたがたは地の塩である……あなた方は世の光である」とあります。

「敵を愛し、自分を迫害する者のために祈りなさい。あなたがたの天の父の子となるためである。父は悪人にも善人にも太陽を昇らせ、正しい者にも、正しくない者にも雨を降らせてくださるからである。自分を愛してくれた人を愛したところで、あなたがたにどんな報いがあろうか。……異邦人でさえ、同じことをしているではないか。だから、あなたがたの天の父が完全であるように、あなたがたも完全な者となりなさい」

「だから、言っておく。自分の命のことで何を食べようか何を飲もうか、また自分の体のことで何を着ようかと思い悩むな。命は食べ物よりも大切であり、体は衣服よりも大切ではないか。空の鳥を良く見なさい。種も蒔かず、刈り入れもせず、倉に納めもしないが、あなたがたの天の父は鳥を養ってくださる。あなたがたは、鳥よりも価値あるものではないか。あなたがたのうちのだれが、思い悩んだからといって、寿命をわずかでも延ばすことが出来ようか。なぜ、衣服のことで思い悩むのか。野の花がどのように育つのか注意して見なさい。働きもせず、紡ぎもしない。……今日は生えていて、明日は炉に投げ込まれる野の草でさえ、神はこのように装ってくださる。まして、あなたがたはなおさらのことではないか。信仰の薄き者たちよ。だから『何を食べようか』『何を飲もうか』『何を着ようか』と言って思い悩むな。それはみな異邦人が切に求めているものだ。あなたがたの天の父は、これらのものがみな、あなたがたに必要なことをご存じである。何よりもまず神の国と神の義を求めなさい。そうすれば、これらのものはみな加えて与えられる。だから明日のことまで思い悩むな。明日のことは明日が自ら思い悩む。その日の苦労はその日だけで十分である」

〈富について〉

「あなたがたは地上に富を積んではならない。そこでは、虫が食ったり、さびついたりするし、また盗人が忍び込んで盗み出したりする。富は天に積みなさい。そこでは虫が食うことも、さびつくこともなく、また盗人が忍び込むことも盗み出すこともない。あなたの富のあるところに、あなたの心もあるのだ」

〈裁きについて〉

「人を裁くな。あなたも裁かれないようにするためである。あなたがたは、自分の裁く裁きで裁かれ、自分の量る秤で量を与えられる」

〈十二使徒に対して〉

「……行って『天の国は近づいた』と宣べ伝えなさい。病人を癒し、死者を生き返らせ、ハンセン病を患っている人を清くし、悪霊を追い払いなさい。ただで受けたのだから、ただで与えなさい」

「……蛇のように賢く、鳩のように素直になりなさい。……」

「何をどう言おうかと心配してはならない。その時には、言うべきことは教えられる。実は、話すのはあなたがたではなく、あなたがたの中で語ってくださる、父の霊である」

「……人々を恐れてはならない。……体を殺しても魂を殺すことのできない者どもを恐れるな。むしろ、魂も体も地獄で滅ぼすことのできる方を恐れなさい」

「……自分の命を得ようとするものは、それを失い、私のために命を失う者は、かえってそれを得るのである」

「……すべてのことは、父からわたしに任せられています。父のほかに子を知る者はなく、子と、子が示そうと思う者のほかに、父を知る者はいません。疲れた者。重荷を負う者はだれでもわたしのもとに来なさい。休ませてあげよう。わたしは柔和で謙遜な者だから」

「……はっきり言っておく。心を入れ替えて子供のようにならなければ、決して天の国に入ることはできない。自分を低くして、子供のようになる人が天国でいちばん偉いのだ」

「……わたしは天と地の一切の機能を授かっている。だから、あなたがたは行って、すべての民をわたしの弟子にしなさい。彼らに父と子と聖霊の名によって洗礼を授け、あなたがたに命じておいたことを守るように教えなさい。わたしは世の終わりまで、いつもあなたがたと共にいる」

「時は満ち、神の国に近づいた。悔い改めて福音を信じなさい」

私の一番好きな御言葉は次のものであります。律法の専門家が、イエスを試そうとして尋ねました。「律法の中で、どの掟が最も重要でしょうか。永遠の命を受けつぐにはどうしたらよいのでしょうか」イエスは、それに答えられました。「心を尽くし、精神を尽くし、思いを尽くして、あなたの神である主を愛しなさい」これが最も重要な第一の掟である。第二も、これと同じように重要である「隣人を自分のように愛しなさい」と。

愛については次のように語られています。「たとえ、預言する賜物をもち、あらゆる神秘とあらゆる知識に通じていようとも、たとえ山を動かすほどの完全な信仰をもっていようとも、愛がなければ、無に等しい。

愛は忍耐強い。愛は情け深い。ねたまない愛は自慢せず、高ぶらない。礼を失せず、自分の利益を求めず、いらだたず、恨みを抱かない。不義を喜ばず、真実を喜ぶ。すべてを忍び、すべてを信じ、すべてを望み、すべてに耐える。愛は決して滅びない。預言は廃れ異言はやみ、知識は廃れよう……」

イエス様の「神は内に宿る」の言霊も、神を外に求める現代の人々への、金言であります。イエス様は二千年を経て、清き心の人々の心にまた再び復活されて働かれておられます。

〈釈迦の仏法と神理〉

一方、釈迦の仏法も絶対の神理を伝えています。〝生老病死〟、つまり人間は何故生まれ、何故病気をし、年をとり、死ぬのだろう。その疑問より出発して、二十九歳の時、出家し六年間の厳しい修行の後、天女のような少女の歌声で、神理を悟られました。「弦は、強く張りすぎれば糸が切れ、弱すぎれば音色が悪い。弦は、中程に締めれば音色が良い。弦に合わせて躍れよ躍れ。みんな輪になり躍れよ躍れ」

ちょうど中程だと音色が良いので、「これだ。わかった」と叫ばれました。人間も心の正しい基準を中道にして、偏りのない道が大切なのである。そうしてお釈迦様は、真の悟りへの禅定瞑想へ入られました。人間の社会の混乱は、人間の心の不調和な行為が作り出す暗い雰囲気や、足ることを忘れ去った欲望に起因しております。

私たちは、日々思うこと、行うことを偏りのない物差しで測り、中道の心、愛の心で生きることが、魔から身を守る最大の防御法であり、またそのことが、自らを神の子の魂へ帰すことの出来る唯一の道であります。

私たちは、自分の短所、欠点を勇気をもって修正することは不可能ではありません。智慧を養い、日々の努力を怠らず、苦しみの原因をつくらないようにすることが大切であります。

お釈迦様は、自己の過去の不調和な想念や行為を、一つ一つ見つけ出して反省してゆかれました。煎じ詰めれば、それらは「自己保存」「自我々欲」より生じております。偏らない中道の心、愛の心があれば不調和は起こってまいりません。そうして、八つの正道の基準を発見されました。それが「八正道」であります。

〈八正道と悟り〉

お釈迦様は「正しく見ること」「正しく思うこと」「正しく語ること」「正しく仕事をすること」「正しく生活をすること」「正しく道に精進すること」「正しく念じること」「正しく反省し瞑想すること」この八正道という仏法の真理に達せられ、これに照らして、三十六年間の過去を洗い流されていきました。そうして禅定なされた時、自分の体がどんどん大きくなり、明けの明星が足元に見え、三千世界が美しい星々と共に眼前に繰り広げられました。

生命の躍動が、大地の躍動が手にとるように響いてまいりました。森も川も、地球も、星々も、神の偉大な意思の下に息づいております。生きとし生けるものの呼吸と胎動が、お釈迦様の意識の中で動き、息づいておりました。この時、全てが光明化し、お釈迦様は大宇宙の意識と同化されました。これが「宇宙即我」の境地であります。大宇宙の意識と同体になりますと、森羅万象の生い立ち、宇宙と人間、人間のあり方、魂の転生輪廻などが、一瞬のうちに明らかになってまいりました。

人間は、肉体のほかに心(意識、魂)をもっております。その心は、肉体という衣を通して、物質界、現象界に調和をもたらすことを目的とする反面、大宇宙の心に同通し、それぞれの役割に応じた使命を担っている生き通しの意識であります。

肉体は仮の宿に過ぎません。物質界と天上界を交互に循環することによって、調和という運動形態を永遠に持続してゆくのであります。このように人間の意識は、神の意識に通じながら地上界と天上界を循環しているのです。神の子の人間が、何故に悪を作り出し、不幸を生じさせたかといいますと、それは肉体の自分が自分であるように思うようになり、肉体にまつわる諸々の考え方が、本来の自由自在な心を、肉体の中に閉じ込めてしまったからにほかならないのであります。神は調和という中道の中で、厳然と生命の火を燃やしておられます。人間が、その自由の機能をみだりに使い、中道に反した創造行為をすれば、その分量だけ反作用を伴うように仕組んでいるのであります。そうすることによって、神と人間との絆が保たれ、調和という永遠の目標に向かうように計画されているのであります。

〈執着〉

人間の魂が肉体に宿りますと五官（眼・耳・鼻・舌・身）に振り回されます。この五官に魂意識が幻惑されます。美しいものを見ると欲しいと思い、気持ちの良い香りには心がひかれます。自分に都合の良い話にはつい乗ってしまいます。舌触りの良い物は食べすぎて囚われをつくり、苦役より楽をしたいと思います。肉体五官はこのように、人の心を動かしていきます。五官が働かなければ肉体の維持はむずかしくなり、さりとて、五官に心を奪われると欲望がつのってまいります。欲望の源は五官に振り回される心の動きにあったわけであります。諸々の欲望、争い、不調和、悪の根源は五官に心を奪われる六根という煩悩にありました。さまざまな不幸は、肉体にまつわるこうした心の動き、カルパー（業）の想念行為によって生み出されていきました。業は執着であります。執着は五官から生ずる肉体想念が、魂に根を張ることによって作り出されていきます。地位、名誉、お金、情欲その他のさまざまな欲望が、人間の神性仏性を侵していくのであります。こうしてあの世とこの世を循環するたびに、その業を修正していく者もあります。

大部分の魂は、新たな業をつくって輪廻しているのであります。しかし、人間の魂から神性仏性を捨て去ることは出来ません。人間は万象万物を調和してゆく任を神から与えられ、任されております。その証拠に、己の心に偽りの証を立てることはできません。人に嘘《うそ》が言えても、自分には嘘が言えません。これが人間が神の子であることの証であります。

〈悟りへの道〉

人間が神の子の己を自覚し、業を修正し、本来の神性に戻るためには、神の心に触れなければなりません。神性の我に返るとは、苦界の自分から離れることであります。生老病死のとらわれから脱皮することであります。神の心は中道という調和の大宇宙に流れており、その流れに自分の魂が触れる努力を、惜しんではならないということであります。

すべての生命、物質は、中道、調和から離れては保たれないように出来ております。悲しみや苦しみは、こうした中道、調和から離れた想念行為があるからであります。中道の心は、毎日の生活行為に対して反省し、反省したことを実践することから得られていくのであります。

実践には努力が伴います。勇気がいります。智慧を働かせれば、業の修正は意外に早まっていきます。反省の尺度は、八つの規範が元であり、「正見」「正思」「正語」「正業」「正命」「正進」「正念」「正定」であります。

人間の心は、こうした規範の尺度として過去の自分を、今の自分を日々の生活行為の中で、正しく修正されていくのであります。中道の心に触れると、こうした摂理が明らかになり、神の意識である永遠の安らぎを保つことが出来るようになるのであります。

神は、人間の生存に必要な環境を与えています。太陽を与え、水を与え、空気を与え、土地を与え、食べ物を与えています。我が子の行く末を案じぬ親がいないのと同じように神は人間に、無限の慈悲を与えています。人間は、これに応えなければなりません。応えることによって、人間は神性の己を自覚、発見してゆくのであります。

中道に生きることが、己を知る、もっとも早道な方法であります。己を知り、人間の目的を悟れば、小さな自分に心を奪われることはなくなります。

人は苦しみから逃れようと、さまざまな信仰をもちます。肉体を痛め、苦行を積めば救われる、自分が発見出来ると思っております。また拝めば功徳があり、祈れば平安な生活が出来ると信じております。しかし、これは真実の姿ではありません。苦行は肉体をしばり、祈ればよいとする他力は、人間の神性、仏性を失わしめます。それらはいずれも偏った信仰といえます。中道の神理は、神に通じた嘘のつけない己の心を信じ、八正道という生活行為の中にあります。

人間は神の子であります。神は天地を創造されました。人間もまた己の天地を調和させ、自己のおかれた環境を調和していかねばなりません。無明から、迷いから人々を救うには、神理正法という法灯を点じ、大自然の慈悲に目覚めさせなければなりません。法とは慈悲と愛を喚起する力であります。神は無限の愛を慈悲と力をもって、神理正法を信じる人々の道を開いてくれているのであります。

〈法華の道〉

釈迦の法はやさしく、例えを用いて無学文盲の人々にわかりやすいように説きました。

またある時、泥沼に咲く蓮《はす》の花の例えを用いて、人生における執着を切り離す為の説法をされました。これが今日の法華経の根本であります。

「諸々の衆生、比丘、比丘尼たちよ、あの泥沼に美しい蓮の花が咲いている。あるものは水の上に、あるものは水中に咲いている。しかし、水の下は泥沼で、汚れているだろう。決して綺麗なものとは言いがたい。諸々の衆生、比丘、比丘尼たちよ、お前たちの肉体も、あの蓮の花と同じことが言えよう。眼を見なさい、疲れた時や眼病にかかれば目糞が出るだろう。鼻からは鼻糞、耳からは耳糞、そして、汗、大小便、何一つとして綺麗なものが出ないように、肉体は全く泥沼のようなものだ。この泥沼のような肉体に執着をもって苦しみを作っている。しかし、この肉体が泥沼のように汚れていても、心が「法」に適った生活をしたならば、あの蓮の華のように美しく、大自然の中に調和され、心の中は安らいで、神の心と調和されるのだ」と。

話は第一回反省研修会へ戻りますが、心が浄化されると共に、心が安らかになってまいります。法の光によってその方々の流す涙によって、心が清らかになってまいります。私の響きが、参加者の心へ響き、参加者の心の響きが私へ響いてまいります。みなさんの想い、苦しみや悲しみであったり、また喜びや安らぎであったりします。幼子のように泣かれたり、静かに自らを止観されている姿は美しく、その姿に私の心も、幼子の心にかえり光に満たされてしまいます。

五、反省（止観）について

人は反省（瞑想《めいそう》）と祈り（感謝）、行為（愛と報恩《ほうおん》の実践《じっせん》）の三つの柱がそろわないと、悟れることはないでしょう。特に神理正法を学び悟りを深めてゆく為には、一度徹底的な八正道（釈迦の説かれた、正見、正思、正語、正業、正命、正進、正念、正定の人生の規範《きはん》の道）に添った反省により、心のスモッグを取り除き、心を浄化して光で満たさなければなりません。

私たちは一週間も家の中を掃除しなければ、混雑と大変な塵やゴミがたまってしまいます。ましてや、日々反省もすることもない、心の掃除のする習慣のない私たちの心の中はどんなになっているでしょうか。私たちの心の中は、愚痴、怒り、足ることを知らぬ欲望、憎しみ、うらみ、ねたみ、増上慢等の心のスモッグでいっぱいになっています。その為、心の目、心の耳、心の口を曇らせて、正しく見、正しく思い、正しく語ることが出来ません。安らぎを得る為にも、喜びの日々を生きる為にも、反省は是非とも必要です。ましてやこの一、二年だけでなく何十年もの心のスモッグがこびりついているのです。心が曇った状態で悟ることは決して無いでしょう。それは釈迦やイエス、その弟子のことを考えればわかります。

心の中にスモッグを積んだ状態で、如何に霊能力があろうと、人のうらやむ程のパワーがあろうと、その人は心の安らぎを得ることも喜びに満たされることもないのです。そして天界へ上がることもありません。自分の心に比例した同じ波動の世界へ行くのです。

反省(止観)を日々深めてゆきますと、心を不調和にしている原因に必ずぶつかります。根っこに自己保存（自分が可愛い）、自我々欲（自分が満たされたい）があります。

その時、その場で起こった、その人との不調和な思い(行為)を、その原因を追求してゆきます。ノートや紙に書いて、静かに客観的に流れ(経緯《けいい》)を追っていきます。この過程がとても大切です。

一番大切なのは母親に対しての反省です。母を理解し、愛し、感謝出来るようにならないといけません。母は神の愛の代行者です。親に感謝出来ない人は、幸せになれることはまずありませんし、また神に出会い天使や守護霊たちに導かれることもないでしょう。特に小学校に入学するまでを徹底的に反省する必要があります。偽我の根っこは、この時までにつくられています。「三つ子の魂、百まで」は、まさに核心を突いた格言と言えます。

日々の反省、過去の反省を行うことによって、自分のカルマ、心の癖、欠点が浮き彫《ぼ》りにされてきます。不調和を起こした原因は、すべて自分にあります。反省が深くなればそれがわかってきます。他の人を責めたり、他の人に責任(原因)を押しつけたりしなくなってきます。しみじみとそれを思うようになります。そこまでいかないと本当の深い反省とは言えません。しかし、ここで大切なことは、自分を責めたり、自己卑下してはいけないということです。神理の法に照らして、不調和な部分を光で満たしてゆくのです。

一回目、二回目、三回目と次第に反省を深めてゆきますと、心境は深まって涙が止めどもなく落ちるようになります。関わり合った、その方々に、そして神に心から詫《わ》びるようになってゆきます。その方々は自分のカルマや欠点に気づかせ、修正に協力してくださった方々、縁ある方々であり、自分にとっては神様同然の方々であったことがわかってきます。自分を導いてくださった方々だから、感謝しなければなりません。その方々を許し、愛し、またその時の自分を、過去の自分を許し、受け入れ、愛し、光で満たしてゆきます。そして二度とそのような不調和な思い(行為)はしないと誓います。そして自然に愛と報恩の行為を行ってゆくようになります。

こうして反省し、神の愛と光で満たされた自分をいとおしんでください。偉大な神の子の魂で在ったのです。神に愛され、許され、生かされている自分を発見します。それを深く味わってください。涙が幾筋も流れ落ちます。この法悦の涙を流すたびに、心は洗われ、軽くなり、清浄になってゆきます。体から後光がさすようになり、光と安らぎで満たされてゆきます。

現代に流行しているヨガ、気功、瞑想で悟ることは決して無いでしょう。瞑想の音楽を聞いて悟れることもないでしょう。チャクラが開いたからといって必ずしもその方が悟ったという訳でもないのです。チャクラの開くことと心の調和度は必ずしも比例するとは限りません。如何に霊能力があろうとも、異語を語ろうとも、パワーがあろうとも、心に安らぎと光がなければ何にもなりません。かえって、その方は魔界に通じ、魔や動物霊の餌食《えじき》になって、最後は不遇の一生を送ってしまう結果にもなりかねません。心を浄化し、愛と光と感謝で満たさなければ、悟りへの道は開かれないのです。心の平安がなければ何にもならないのです。神との一致も無いのです。

反省は、その為に必要なのです。一生に一度は生死をかけた反省が必要です。「明日は死んでも良い」そんな真剣な反省を、一度はしなければなりません。人はこの世を去る時誰もが自分の一生を省みて、反省させられます。心の重荷を取り除き、執着を取り払い、心を浄化して神の子の意識に帰らないと、天界へは上がれません。だから今、この時、与えられたこのチャンスを生かして欲しいと思うのです。今はまだ出来ない方が、またその習慣のない方が、この世を去る時、即座に反省することは難しいのです。苦しむ方々が非常に多いのです。暗い世界へ落ちる方が多いのです。反省の大切さを知らなければなりません。しかし、また反省にとらわれて、心を狭くする必要もありません。淡々としてゆけば良いのです。

「反省は、神の与えられた慈悲」という言葉があります。その通りだと実感します。それこそは万物の霊長である人間のみに与えられた特権であり、人間は神の分霊であることを示す証拠《しょうこ》です。「人に嘘が言えても己の心には嘘が言えない」という格言もそのことを言い表していま す。釈迦は弟子が教団へ入門を願った時に、入門の為の一週間の厳しい修行を課しました。心を見つめ過去の自分の反省をするように言われました。そして入門者が、ある程度執着がとれ、心が浄化されないと、教団への入門を許されませんでした。心の浄化の程度は後光（オーラ）で見られたのです。その時、柔らかい黄金の光が出ている者は入門を許可されたのです。

心の調和度に従って後光は輝き、大きくなってゆくのです。イエス様は、来られる方は誰一人拒《こば》まれませんでしたが、弟子となった者たちには厳しく戒め、指導をされました。イエスの愛や釈迦の慈悲に触れ、みな心開いていったのです。

反省（止観）を経た者は、柔和で優しく忍耐強く、愛深く、慈悲深くなってゆきます。日々を喜びで生きてゆきます。これがほんものです。努力と勇気と智慧をもって家庭を調和させ、周囲に愛と光を灯してゆきます。反省（止観）し、祈り（感謝）の行為に移してゆく時、人は天の父（神）の存在を強く感じ、一体であることを感じるようになります。その時内なる神が顕現してきます。それが悟りへの道です。日々反省（止観）を重ね、それを実践に生かし、共に悟りへの道を極めていきたいものです。

（高橋信次著『人間釈迦Ⅰ』〔三宝出版〕を合わせて読んでくださったら幸いです）

反省資料一
心のカルテ（内観）Ⅰ

(1) それぞれに名を入れ長所、短所を書き込み、見比べてしみじみと感じてみてください。自分と同じ性格の時は赤印をつけてください。

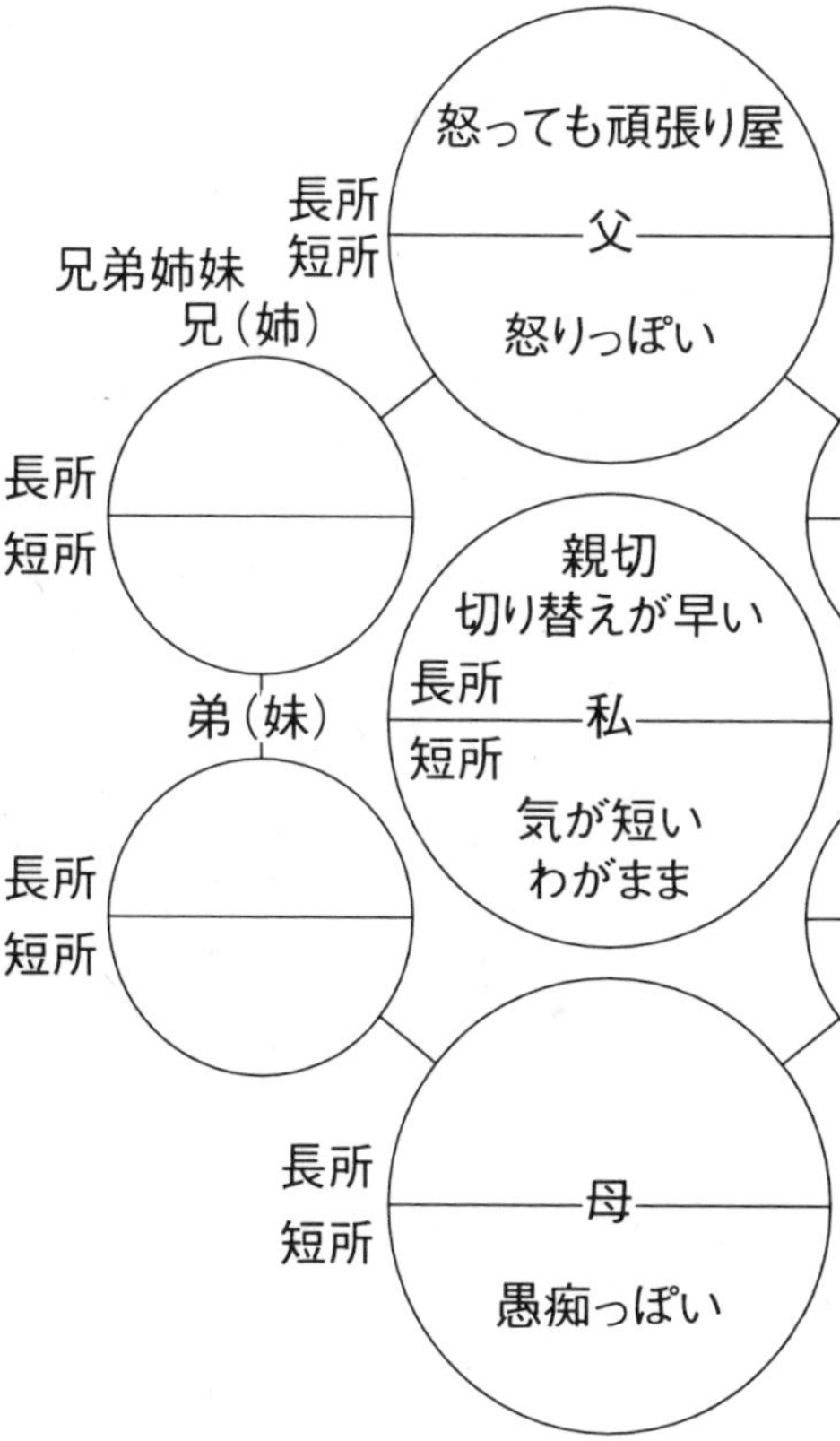

(2) 同じカルマの者同士が集まり、また逆に、正反対の者同士が集まり、他を鏡として学び合っているのです。

反省
心のカルテ(内観)II

(3) 自分を知れば、他を憎んだり、せめたり出来なくなります。心から詫びること。そうして自分を許すことにより、他を許し認めていけます。共に辛苦を背負った存在なのですから。

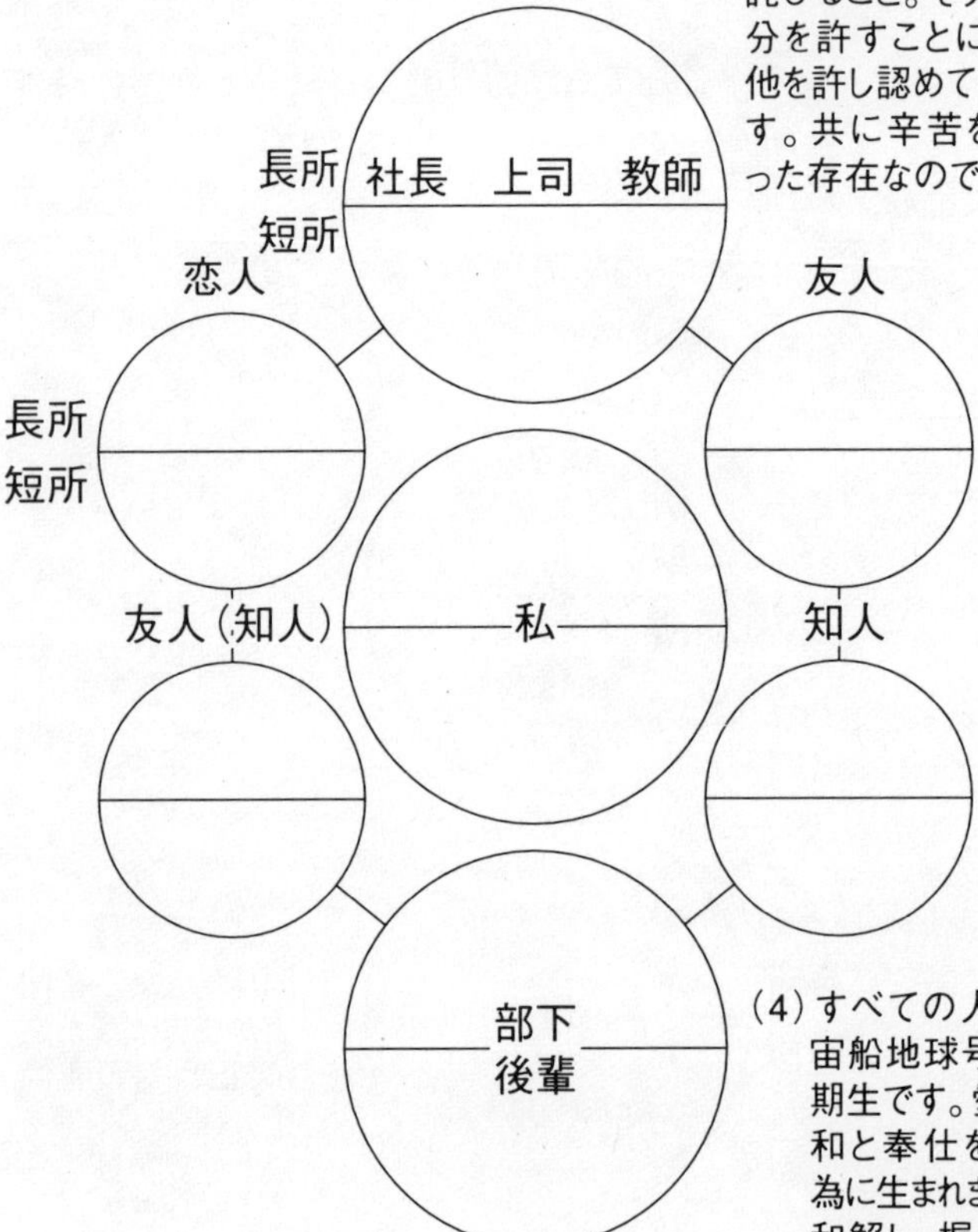

(4) すべての人が宇宙船地球号の同期生です。愛と調和と奉仕を学ぶ為に生まれました。和解し、握手をして、愛と光で満たしてゆきます。

反省
心のカルテ III

	A 父、母にしてもらったこと	B して返したこと（報恩）	C 迷惑をかけたこと 神の子として、してはいけないこと
0歳 5歳			
10歳			
15歳			
20歳			
25歳			
30歳			
40歳			
50歳以下 90歳	思い出してノートにすべて記入してゆきます。 0歳の時のことは、子供、孫、まわりの赤ちゃんを 見て記入します。ABCを比較してみてください。		

反省
心のカルテ Ⅳ

	（出来事） 事件	思ったこと 行為したこと	（結果） 原因追求 自己保存 自我我欲 愛があったかどうか。	（反省と対処） その時どうすれば良かったか考え、行動。イエス、釈迦ならどうしたか	（光の循環） 過去（事件）をすべて光で満たす。心に描く（許し、和解、愛、光）。誓いを立てる
0歳					
5歳					
10歳					
15歳					
20歳					
25歳					
30歳					
40歳					
50歳 以下			ノートに詳しく記入すること。その過程が大切。次第に思い出していく。 人に見せる必要はない。		

反省
心のカルテ V

絶対、誰にも言えないこと（秘密にしておきたいこと） 神仏に告白し、許しをこいます 明日は死ぬという覚悟で書きます		
	出来事（事件） 場所　人物	思ったこと（行為）・結果（原因追求） 対処（反省）・光で満たす
I		
II		
III		※今世で反省しておかないと、 あの世で厳しく反省させられます。

反省
心のカルテⅥ

具体的に書き、目につくところに貼ること

(Ⅰ)理想の人生(霊的理想) イエス、釈迦、天照大神等……
(Ⅱ)自分の目標(心の理想) 愛の深さ、誠実さ、素直さ、感謝出来る、世の光となる等……
(Ⅲ)日々の生き方(現実の行為)・物的理想 早起き、笑顔で生きる、優しい言葉かけ、ボランティア、塵拾い、 毎日反省する、祈る、一日一善、母の肩叩き等……

明確に記入する Ⅰ. 人生の目的とは Ⅱ. どんな時、自分は納得(満足)いく自分であるか Ⅲ. これから如何に生きるべきか

六、心のカルテ　反省資料一

〈正しい反省の仕方〉

一、自己の性格、性質を正確に捉える（長所、短所、弱点の列記）
二、本音、心の奥底を引き出す（過去、現在の赤裸々な自分）
三、第三者、客観的立場で書く（私的感情、感想を入れない）
四、正しさの基準を得る（神の子として、良心、信と愛、調和、八正道に照らして）
五、大きい物から、小さい物へ、気づくものから（掃除の仕方と同じ）
六、原因に目を向ける（原因―〔縁〕―結果）、縁に目を向けると悪循環するので
七、新たなカルマは作らない（悪想念が湧いたら、ああ、そう、で止める）
八、こだわりや、安らぎが無い時は、「魔よ去れ」と叫び、そして天の光をいただく
九、反省、カルマ（心の弱点、傾向性）の徹底追究
　　現事象を追究（他と自分を対比して）
　両親から始める（母親との関係を徹底的に行う。親は神の愛の代行者）
　現在から過去へ（誕生から現在まで、一週間、ひと月間、一年間続ける）

テーマは小さく、そして深く

訓練、反復し続ける

十、反省記録、一生懸命、詳しく書く。休まない

一日区切り

一週間区切り

ひと月区切り

一年区切り、大物の、人に言えない物を、二、三歳から五、六歳を重点に

一生区切り、系統的に（この頃、気質・性格形成）

十一、自分の最高未来像、夢の実現をリアルに描く

どんな自分の時

どんな生き方の時

反省資料二

父母の愛

誕生から現在までを振り返って（内観）

しみじみと眺めます

	父母にしていただいたこと	父母にして返したことさせていただいたこと	迷惑をかけたこと神の子として恥じる行為
誕生 入園 (4歳) 入学 10歳 中学			
15歳 高校 就職 大学 就職 20歳			
結婚 子供誕生 30歳 40歳 50歳 60歳			

反省資料三

原因を求めて

1、出来事 時 場所 誰（人） 何を、どうした 社会、思想 教育、習慣
2、経過　　心に潜む思い（本音）
3、類似の出来事　　過去へ逆上って、循環する
4、原因の追究 　　　　自己保存、自我我欲、 　　　　神の子の意識の喪失
5、その時、どう考え 　　どうすれば良かったか 　　　　相手の立場、神の子として 　　　　永遠を生きる魂

七、心の開眼――第二回反省研修会より

〈反省と八正道〉

第一回反省研修会に参加された方々は第二回反省研修会に全員参加されました。小学校三年生から五十歳までの老若男女が入り交じって、初めての宿泊研修が行われました。二回目も素晴らしい研修会となりました。

一人一人が、必死に自己を省み、重い荷物を一つ一つおろしていかれる姿は、美しいものであります。自己を省みることは勇気のいることであります。大変な努力がいります。忘れたい思い出、触れられたくない過去もあります。思い出すたびに苦渋《くじゅう》の念にかられる事柄もあります。悲しみにうちひしがれずにはおられない。胸が張り裂けんばかりの思い出のある方もおられるはずです。その一つ一つを、お釈迦様の説かれた「八正道」――正見（正しく見る）、正思（正しく思う）、正語（正しく語る）、正業（正しく仕事をなす）、正命（正しく生活する）、正進（正しく精進する）、正念（正しく念じる）、正定（正しい反省と瞑想）――に照らし合わせていく。そして、イエスの「愛の道」に照らしていくことであります。

〈止観〉

「自分に愛の心はあっただろうか。思いやりの心はあっただろうか。寛容の心はあっただろうか」と振り返っていきます。「欲望に振り回されてはいなかっただろうか」「自己中心的に生きていなかっただろうか」「相手の立場を考えていただろうか」また「自らを省みて良き妻、良き夫であっただろうか」「良き親、良き子供であっただろうか」「良き師であっただろうか」「良き友であっただろうか」「良き同僚であっただろうか」「何よりも、神の子としてふさわしかっただろうか」と見つめてまいります。

反省において、自己を責めることなく、その犯した罪を許し、人を苦しめ、とらわれた自分も許し、愛していかなければなりません。生きているということは許されているということです。気づいた時、それはもう〝許し〟なのであります。それに気づくことの出来た偉大な魂なのであります。その自分のすべてを包んで許していくのであります。自分が許されているように、人もまた許されているのであります。

すべては、自分自身を育て、自覚させ、甦らせ、神なる道を、光の道を歩まさせてくれた〝もの〟〝こと〟〝ひと〟であります。そのすべてを愛し、許し、包み、光で満たしてゆくことであります。

〈肉の衣をまとった神〉

私たち人間は、肉の衣をまとうことによって、自らの本性（神の子）が、わからなくなっただけのことであります。肉体を自分と思い、環境の奴隷、思想習慣の奴隷になっただけで、本質の自分は光り輝く存在であります。光り輝く世界から、地上へ下り、多くの学びを体験して、魂をさらにより大きくする為に「肉の衣を着た神」であり、「神の分霊」「光の子」であります。この自覚がとても大切であります。

心の浄化と共に、その自覚が高まってまいります。〝気づくこと〟〝自覚すること〟〝そのように想うこと〟そうすることによって、人は神の子として、光そのものとして、安らぎと調和の中に入ってゆくのであります。

〈日輪と祈りと〉

早朝の心身の浄化の体操と瞑想は気持ちの良いものです。海の先の山の端より黄金に輝く太陽が上がってまいります。その朝日の美しさと言ったら、たとえようがありません。

黄金色に輝く太陽は、やさしく力強く気高く、光々しい波動を投げかけてくれました。

誰ともなくみんなが、太陽と海に向かって自己の反省と願いと、祈りを、胸が張り裂けんばかりの大声で叫びました。みんな胸がスーッとしたことでありましょう。

〈遺書のしたため〉

最後は、研修会に参加されたみなさん全員が『遺書』を書きました。

今日は、この日で自らの人生は終わります。まだまだ生きたかったけれども、もう天へ旅立つ時がまいりました。その時が来た以上、悔いが残っても仕方がありません。やり残したこと、言い残したことがあるでしょう。しかし、もう死の時、別れの時が来たのであります。

この地を去ってゆくにあたって、私たちは、自分を産み育ててくださった両親に、最愛の妻に、夫に、いとしい子供たちに、兄弟姉妹に、友に、人生の別れをしなければならなくなりました。その死の覚悟で『遺書』は書かれました。

下は小学校三年生の子も含めて全員が、思いを書にしたためました。多くの人々が涙いたしました。地上での人生が、今日終わるのであります。厳粛な「人生の卒業式」を迎えたのであります。「〝みんなみんなありがとう。孝行を出来なくてごめんなさい。素直になれなくて申し訳ありません。犯した罪を許してください。偽りの私を許してください。愛が足りなく申し訳ありません。もっと愛深く、心から尽くしきった人生を生きたかった。あなたを、もっと輝かせたかった。どうかこんな私を許してください。私には、もったいないあなたの存在でありました。気づくのが遅すぎたようであります。

でも、私は幸せでありました。私の人生は今、振り返って思うと、素晴らしい人生でした。多くの人々に愛され生かされていた人生でありました。今、感謝の念でいっぱいであります。

お父さん！　お母さん！　愛する妻よ！　夫よ！　可愛い子供たちよ！　兄弟姉妹たちよ！　友よ！　私は間もなく、この地上界を去ります。本当にありがとう。天国の地から、あなた方を見守っております。どうか強く生きてください。愛と共に生きてください。悔いのない本当の自分を生きてください。みんなみんなありがとう。私の人生よ、ありがとう」

死を覚悟しての遺書は峻厳《しゅんげん》な、透徹《とうてつ》した、凛《りん》としたものでありました。みんなみんな泣きながら遺書をしたためられました。ほとんどの方々が臨死感を抱いておられたのではないでしょうか。私もその姿には身のひきしまる感がいたしました。このような過程を経まして、研修会へ参加された方々は生まれ変わり、「新生」されたのであります。

〈新生〉

〝新しい人生〟〝真我の人生〟の出発が始まりました。

「みなさんおめでとう」と呼びかけました。本当の人生を、悔いなき人生を、魂の願いを、愛の限りを尽くす。自らのすべてを出し尽くす人生を生きようと、互いに誓い合いました。どの方の瞳も輝いておりました。そして身体の浄化の為に、山川の砂むし温泉に入り、大地の胎内の中、温もりを感じ、心身の浄化と波動を高めました。地球の胎内から新たに生まれ出た、光の天使たち、虹の戦士たちは、光明への道へと旅立ちました。十三名の光の天使たちの光の柱が、天空に立ちました。天の父の祝福が、天に現れました。その後、参加者はあけぼのの家へ向かい、この年の最後の〝心の交流会〟に参加いたしました。十二月のタイトルは「反省とイエスと釈迦の法」でありました。お釈迦様の仏法とイエス様の愛の道を話させてもらいました。話をさせてもらっている時、私にイエスの光が入ってきました。愛深いイエス様は、いつも私たちあけぼのの家を、温かく見守り、導いておられるのを強く感じました。

天の父の愛、イエスの愛、ブッダの慈悲を天上界の協力を受けながら、生涯をかけてお伝えさせていただきたいと思っております。人々の目覚め、人類の光明化、地球ユートピアへの道を進んでまいりたいと思っております。

〈試練を光に〉

今年は、飛躍と共に試練の年でもありました。外部から私たちへの批判や中傷、誘惑もあったように思います。その為に一時波風が立ったこともあったように思います。また勇気ある助言をいただいた方々もおられました。聖書の中にあるイエス様の通られた道が、私たちの道なのかも知れません。忍耐、そして反省と祈りと感謝の一年でもありました。私たちは助言や忠告は受け入れ、反省すべきところがあればいつでも改めさせてもらいたいと思っております。これからも誠を貫き、神理正法を求め、天の父の光を受け、言霊を伝え続けていきたいと思っております。どんなことがあろうとも、起ころうとも、命をかけて天の父の光を、愛を、言霊を伝え続け、人々の心の扉を開き、法の光、愛の光を灯してまいりたいと思っております。天上界の世界で、天の父と誓った約束を果たして帰らなければなりません。

私たちの愛の光は、やがて大きな光の渦となって日本全土に拡がっていくことになるでしょう。ブッダの説いた仏法、イエスの愛の道、高橋信次先生の神理の道、天理の母の説いた誠の道、それらは光の道、宇宙の法であるからであります。それらのすべてを一つにするために私たちは出生しております。宗教を民族を国家を超えて、すべてのものが一つの大いなる光に収れんしてまいります。宇宙神理は不滅であります。すべては光から放たれ、また光の元へ帰ってまいります。

私たちも決して完全ではありません。全知全能でもありません。しかし、天の父への鉄石の信と人類の為にいつでも命を捧げる覚悟はあります。愛の限りを尽くしたいと思っております。人の悲しみを我が悲しみとし、人の喜びを我が喜びとして、生きていきたいと思っております。人生の苦楽の涙を共に流したいと思っております。その心のわかられた方々は、その生き方に目覚められた方々は集まって、共に精進の道、光の道を歩んでおられます。

真剣に光を求め愛を実践された方々は、大きな成長と魂の輝きを放たれ始めました。まことの人々美しい心と、清い心と、思いやりと忍耐と、愛と信念を培ってこられました。まことの人々であります。私を支えてきてくださいました。私が愛し最も信頼する人々であります。

〈人生を共に生きる友と〉

イエス様が十二使徒を育てられましたように、私もまず、中心となっていただく十二使徒を育みそだてたいと思っております。神理正法の流布の厳しさを感じております。心の素直さ、意識のちがい、心の機根や段階があることを身をもって知らされたからであります。同じ神の分霊、神の子でありましても、魂の輝き、広さ、深さ、過去世の修行、意識の調和度、転生輪廻の浅深に、それぞれ段階があり、同じように説いても、同じように導いても、その段階の差があり、縁生の深さの違いを真実に知らされる思いがいたしました。その為に、人の数ではなく、魂の清らかさ、輝きの方々を求めました。素直な人、謙虚な人、真の人魂の輝いている人、人の為に生きられる人、愛に生きる人、努力する方々に力を注ぎ導いてまいりました。その人々がようやく大きく育ってまいりました。「あけぼのの家」を支える核が、少数ではありますがようやく出来あがってまいりました。

天の父と共に生きる人、私たちと生涯を共に生きる人、愛と光の道を共に歩む人、その人々と、人数は少なくても一歩一歩、真実の道を、安らぎの道を、光の道を、愛の道を歩んで行きたいと思っております。

私をはじめ、みんなまだまだ未熟であります。まだまだ未完であります。しかし今、集まって来る人々は、天の父の目に、イエスの目に、ブッダの目に叶った人々であると思っております。かってイエスの時代のように、非難、中傷、迫害があったとしても、私たちは天の父の願いを、人類救済の道を歩んでいくでしょう。

一人一人の悔い改めの浄化の涙が、愛の行為が、光の言霊が、家庭を、社会を、国を変革して地球をユートピアにしていくでしょう。私たちの道はこれから開かれていくことになるでしょう。

人類が、これから迎える困難、苦難、カルマの清算、産みの苦しみ、私たちの歩みと放つ光は、その時、大きく光り輝き、人々に安らぎと調和をもたらすことでしょう。

素晴らしき友と、人生の友と、手を携えて歩んでこられたことをうれしく思います。試練と浄化、反省と感謝、そして、成長の一年でありました。出会った人々、もの、ことがら、すべて、みんなみんなありがとう。今年という素晴らしい年を、私も、私と共に歩んでくれた、心優しき、美しき、愛深き、法友たちも、決して忘れることがないでしょう。

来る輝ける希望の年、光あふるる年を、相共に、手を携えて歩んでまいりましょう。天の父が示してくださった道を、イエスの歩んだ愛の道、ブッダの示された仏法と慈悲の道を、歌声高らかに歩んでいきましょう。そうして、共に勝利の詩を奏でましょう。

歓喜の涙を、大願成就の涙を共に流しましょう。みんなみんな本当にありがとう。

八、新生への旅立ち——第六回鹿児島霧島研修会

二〇〇〇年五月二十七日（土）朝、八時半に、家族四人（私、妻、武尊、ひかり）で、車で一路、鹿児島へ旅立ちました。第六回鹿児島反省研修会に、参加する為であります。

その朝の天気予報のごとく、高速道路の山間部は、大雨でありました。私の出かける所は不思議と必ず雨になります。「浄化の雨」「鎮めの雨」「法雨《ほうう》」と、私は、呼んでおります。しかし、今日の雨は、天が裂けたのではないかと思う程の激しい雨でありました。

私は、「天涙」だと感じました。

私たちにとっての、浄化の涙、悔い改めの涙であると共に、天の父の、創造の父の「喜びの涙」であるとも感じておりました。この二千年世紀に大和民族の「天孫降臨《てんそんこうりん》」の聖地、霧島で講演並びに研修会が開かれ、多くの光の天使たちが集うことを、父は、どんなにお喜びになったことでしょう。

一、祈り

雨の中を、開催地の霧島ハイツ（ホテル）に無事にたどり着きました。雨は降っておりまし

たが、霧島の清浄な空気、快い波動を心身いっぱいに感じました。そして、故郷へ帰って来たような、何か懐かしい気持ちでいっぱいになりました。

大分の渡部先生が、私たちの到着に気づかれ、走り寄って来られました。

「先生、ご苦労さま」と私が言うと、

「大阪の方々の、一便、二便の飛行機は、着きました。しかし、次の便の飛行機が、霧島上空の激しい風雨の為に、空港に着陸できずに、空港上空を旋回中であります」

と、先生が言われました。

「えっ！　そうなのですか」私は一瞬、心配になりました。しかし、心を取り直して、内なる神我、天の父に尋ねますと、「大丈夫です」と、心の響きがありました。〃「内なる自分を求め」「神我を求め」「天の父に出会う為」大阪の地より、この霧島の地へと飛び立った光の子供たちが、天孫降臨の地、霧島へ着陸出来ないはずがない〃と、思い、天の父の力と愛を信じました。〃必ず着陸する〃と信じ、念じました。

渡部先生を始め、先に到着しておられた方々が、天の父に、神々に一生懸命に祈られました。みんなの心は、既に一つになっておりました。

研修会は、既にこの時より始まっておりました。

ホテルで懐かしい人々と握手を交わし、再会を喜び合いました。東京、大阪、兵庫、奈良、京都、大分、福岡、宮崎、鹿児島の人々、四十数名が一堂に集いました。天孫降臨の地での集いの喜びを分かち合いました。

研修の時間が参りましたので、それぞれ会場へ参集いたしました。

その時、研修に見えておりました大阪の方が、走り寄って来られました。そして、「先生、飛行機は、天候不良の為、着陸不能で再び大阪へ引き返したそうです」と、言われました。私は、〝必ず着陸出来る〟と信じきっておりました。そうしてまた、天の父の「大丈夫」の言葉を受けておりました。

しかし、その言葉で、私は「はっ」と、いたしました。天の父の言葉を、内なる神我を、一瞬でも疑おうとする気持ちが、起こりかけました。でも、私は、天の父を信じました。内なる神我を信じました。みんなの愛と力を信じました。

「必ず来る」、そして、祈り、すべてを天の父に委ねました。既にその時には、どんなことが起こったとしても、微動だにしない、鉄石の信でありました。

二、願いの成就の秘訣

祈りや願いが成就する秘訣があります。

それは、そのことが必ず成就《じょうじゅ》すると、信じきることであります。これが最大の秘訣《ひけつ》であります。しかし、普通、人々は、信じきることは出来ません。心が揺らぎ、集中出来ません。マイナスイメージを抱いてしまいます。もし、「そうなる」と、信じきるなら、そのようになります。聖書の中にも、その記述が記されております。

そうして、次にその成就している姿を、アリアリと、臨在感そのままに描き、意念することであります。

私はまず、大阪の光の天使たちが、無事に鹿児島空港に着陸して、みんなの熱烈な声援と祝福を受けて、感涙と笑みをいっぱいに浮かべ、この霧島ハイツへ入場してくる姿を、臨在感そのままに描き、意念いたしました。

真実、吉田真弓さん、吉田知津さんを始め、大阪の七人の方々が、光子体として見えました。会場は、大声援と、喜びと涙の大合唱、光の渦に包まれています。その姿が、そのまま眼前に展開されました。

「願いが、祈りが成就してありがとうございます。喜びでいっぱいです」と、天の父に感謝いたしました。

光の想念の中で描かれたことは、必ず実現してまいります。

研修会が、始まりました。司会の進行とともに、会は進められていきました。

私の挨拶、渡部先生の話、弟の陽の話と続いてまいりました。研修会には十二回も参加されているベテランから、今回が初めての参加という方まで色々おられました。

初心者、上級者のバランスをとっての、研修を考慮いたしました。

いつもの研修の方法にのっとり、反省の要点、意味、やり方をお話しして、第一段階「父母との反省」に入りました。

私の反省のやり方は、みなさんに徹底的に紙に書いていただくというものです。高橋信次先生指導の〝反省の仕方〟、また〝内観法〟独自の〝反省止観誘導〟を行い、〝神我の追究と対話〟へと反省を深めてまいります。

自分の一生を、深く、厳しく、そして、愛をもって見つめてまいります。お釈迦様の説かれました八正道(正しく観る／正しく思う／正しく語る／正しく仕事を成す／正しい生活を成す／正しく道に精進する／正しく念じる／正しい止観・瞑想に入る)と慈悲の心、イエス様の愛と許しを人生の法の基準、物差しとして、人生を見つめてまいります。

永遠の生命、神の分霊、神の子として、自らを見つめてまいります。そうすることによって、心の中のスモッグは払われ、とらわれは解き放たれ、偽我は砕けて、心は軽やかになり、光と愛に包まれてまいります。感謝と喜びに満たされ、真の安らぎを得ることが出来るようになります。

三、正しい反省の仕方

研修会では、独自の「反省資料一」が、資料として与えられます。参加者が、反省というものを理解し、すぐに取り組めるようにとの配慮からであります。

正しい反省の仕方

一、自己の性格、性質を正確に捉える（長所、短所、弱点の列記）
二、本音、心の奥底を引き出す（過去、現在の赤裸々な自分）
三、第三者、客観的立場で書く（私的感情、感想を入れない）
四、正しさの基準を得る（神の子として、良心、信と愛、調和、八正道に照らして）
五、大きい物から、小さい物へ、気づく物から（掃除の仕方と同じ）
六、原因に目を向ける（原因―〔縁〕―結果）、縁に目を向けると悪循環するので
七、新たなカルマは作らない（悪想念が湧いたら、ああ、そう、で止める）
八、こだわりや、安らぎが無い時は、「魔よ去れ」と叫び、そして天の光をいただく
九、反省、カルマ（心の弱点、傾向性）の徹底追究
　　現事象を追究（他と自分を対比して）
　　両親から始める（母親との関係を徹底的に行う。親は神の愛の代行者）
　　現在から過去へ（誕生から現在まで、一週間、ひと月間、一年間続ける）
　　テーマは小さく、そして深く
　　訓練、反復し続ける
十、反省記録、一生懸命、詳しく書く、休まない

一日区切り
一週間区切り
ひと月区切り
一年区切り。大物の、人に言えない物を、二、三歳から五、六歳を重点に
一生区切り。系統的に　（この頃、気質、性格形成）
十一、自分の最高未来像、夢の実現をリアルに描く
どんな自分の時
どんな生き方の時

四、反省へのアプローチ

「反省へのアプローチ」を参照。

反省へのアプローチ

一、状況設定　環境、場所
教育、思想

習慣、社会

二、状況の把握

事件、事柄を捉える

時

場所

誰と

何を、どうした

三、その時の心の断面（下図参照）

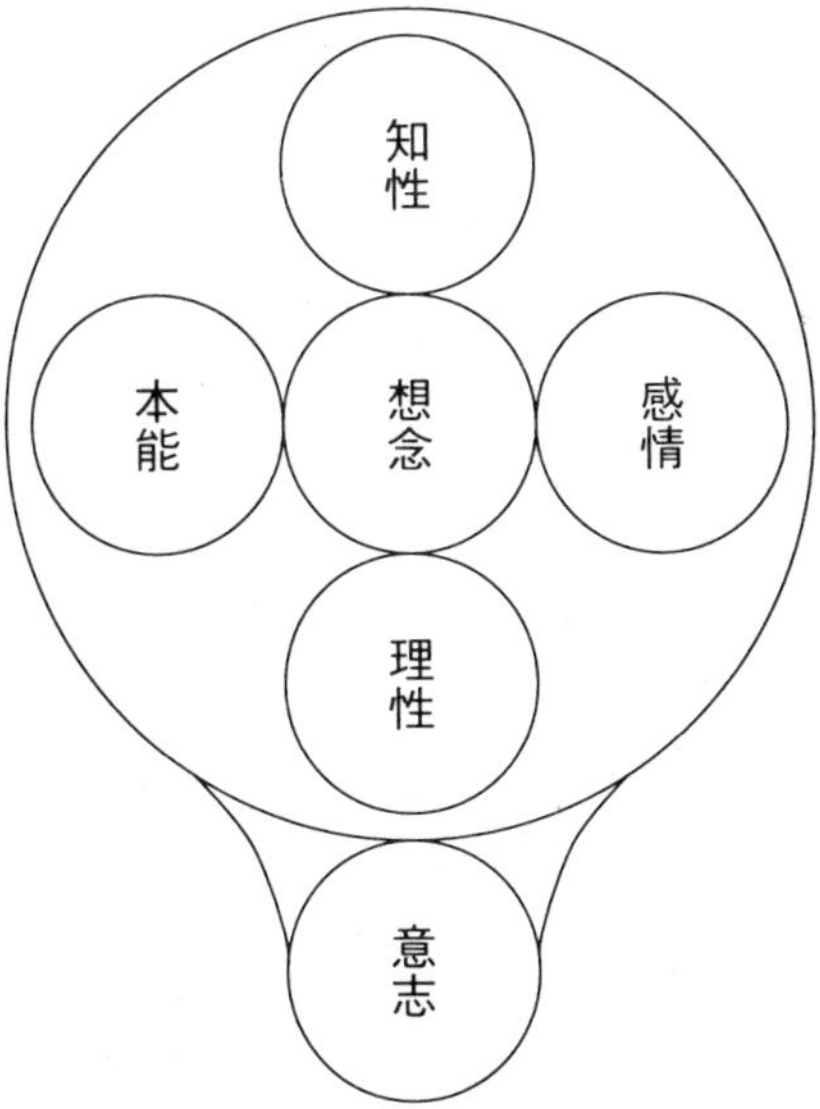

四、歪みの原因の追究

的確に、厳しく、しかも淡々と

自分をいじめない

八正道、愛と慈悲を物差しとして

原因　物心への囚われ　不調和な想念

自己保存、自我我欲（欲望）、自己卑下　自他比較

神の子の意識の喪失

大生命（創造主）との分離
永遠の生命、普遍意識の忘却

五、歪みの原因の放棄（解除）
苦悩、不調和からの解放　　二度と同じ間違いを犯さないと心に誓う
病や、自己束縛からの解放　　懺悔して、捨てる
心の記憶は、修正されないと残る
永遠の生命の自覚
神の子、神の分霊の目覚め
大生命（創造主）の命を生きている
全人類は、一つの命から生まれ、一つの同じ命を生き、一つの命へ帰る

六、この時点で、心のざわめき、安らぎのない人
自己に囚われのある人　　自己本位、自己卑下、自我我欲
心を落とした方　　神の愛と光を受け、心を光で満たす
大宇宙の意識、神に、心身を委ねる
神聖な心に帰る

神の伝導体となる
愛の想念体となる
光の発光体となる

七、反省後

今の自分ならどうする
今の自分ならどう生きる

事件（事柄）にたいして
状況にたいして
人にたいして
（反省したことを、あれこれと掘り返さない）
このように思い
このように語り
このように行動し
このような結果を結ぶ

心の修正を行う

全てを、明るい光と、愛と調和の情景で結ぶ

過去の空白、汚点、欠点、悪、カルマを光と喜びで満たす

八、感謝

神に、諸如来・諸菩薩に感謝を捧げる
諸天善人、光の天使、宇宙の友人たちに感謝を捧げる
守護霊、指導霊に感謝を捧げる
先祖、両親、兄弟に感謝を捧げる
夫、妻、子供、孫に感謝を捧げる
周りの人々に感謝を捧げる
大自然に、太陽、月、地球に感謝を捧げる
大地、水、風、空気に感謝を捧げる
山、川、森、花、草木に感謝を捧げる
食用となってくれる植物、共に生きる動物に感謝を捧げる
肉体船（心臓、肝臓、腎臓等、五官の目、耳等）に感謝を捧げる

九、自覚（悟り）そして感謝

生かされ生きている自分　　心の転換
気づけば、いっぱいの愛の中に生かされていた自分

十、決意

神の愛と光の中に、生かされている自分
間違いや罪を犯しても、許され生かされている自分
過去も、現在も、未来も神の命を生きつづける自分
全ては学習、修行、悟りへの道、神なる道
反省は、神の与えた慈悲
原因は、他ではなく全て自分にあった
一瞬一秒を大切に生きる（今の時は、二度と永遠に訪れない）
現在を生きる（過去は今に集約され、未来は今が形づくる、今に全てがある）
人類は大生命（神）から分かれた、同じ一つの命を生きている
万象万物は大意識、大生命と繋《つな》がっている
「我は、神の子、光の子」偉大なる魂への目覚め
「我は、神の分霊」
「我は、愛なり」「我は光なり」「我は、調和なり」
「我は、命なり」「我は、永遠なり」
心から涙が湧きあがってくる。感涙の涙を止めてはいけない
法悦《ほうえつ》の涙が下る。懺悔と感謝と、目覚めと新生への涙である

流した涙の分だけ、心は軽くなり、安らぎに包まれる
感謝から報恩の行為へ
わき上がる喜びを行為へ移さずにはおられない
反省、感謝、行為（報恩）は、循環して、初めて光に満たされる
愛と光は、気づけば、気づくほど広がってゆく
愛と光の行為は、行えば行うほど、大きく成ってゆく
神の子として生きる自覚
悔いのない人生を生きる
天命を果たして、天界へ帰る
人の為、人類の為に生きる

十一、反省の瞑想（止観、禅定）

祈り

祈願文を唱える
謙虚な心
大宇宙の意識（大生命）に素直に従う心
眉間に心を集中、黄金の玉を想像し、そこから光を発散する

霊太陽（神の意識）より、頭上に、額に無限の愛と調和と癒しの光を受ける
腹式呼吸
　胸、腹の空気を全て吐き出す　呼気七、吸気七、留気七が一番よい
静かな長い呼吸、心（呼吸）を整える　心の光原子細胞に同調させる
呼気（はく）　不調和な念、悪想念、病の気を吐き出す
吸気（吸う）　神の愛、光、調和、癒しのエネルギーを導き入れる
丹田（臍下四、五センチ）に力を入れる　または、臍と背中の中間に力
　を入れる
神の光に満たされた姿を想念する
光のドームに包まれた姿を想念する
心が丸く、大きく、豊かに、黄金色に光り輝く姿を想念する
全身が、太陽の如く光り輝く姿を想念する
額と胸のハートチャクラから、愛と癒しの光が地球へ、全人類へ放射される
全宇宙、神と一体となる、「宇宙即我」を体得する
我は消滅し、宇宙意識（神）のみが存在し、神のみが呼吸し、息づいている
アイアム（在りて、在る存在　大生命、大意識、大神霊）

十二、悟り

「我は、光なり」
「我は、愛なり」
「我は、神の分霊なり」
「我は、神なり」

光、愛、神の最高次元の言魂を唱えることにより、また思念することにより、その如く行為することにより、心のバイブレーションは高く、精妙になり、やがて「光そのもの」「愛そのもの」「神そのもの」となってゆく

十三、反省の瞑想（止観）終了

反省前と、反省後の心の安らぎと法悦感に注目する
この安らぎと法悦を、日常生活に生かしてゆく
常に自己を振り返り、安らぎと愛と、光で満たしてゆく
「我、光の化身」
「我、愛の化身」　神の愛と光を受け、心を光で満たす
「我、神の化身」　大宇宙の意識、神に、心身を委ねる

五、心の曲線図

心は、誕生を境に大きくカーブを描いてまいります。

自分が、幼いころよりどのような心を抱いてきたか、どんな不調和な心を形作ってきたかについては、『反省の要』（ＧＬＡ総合本部）を参考にしていただけると、反省がスムーズに進みます。

六、私と家族

ここでは、自分と家族の関係、性格の特徴をとらえてまいります。１５０ページの図のように、中心に自分、上に父、下に母、左右に兄弟姉妹を置き、円の右にそれぞれの短所、左に長所を書き記していきます。

この記述の反省が終わりますと、不思議と家族の全体像、家族の心の傾向性、カルマが見えてまいります。そして、自分の欠点と、父、母の欠点に注目して、印を付けていきますと、不思議と共通している部分が多くあることに気づきます。父母の欠点を批判したり、裁いたりしておりましたが、本当は自分の欠点の写し姿であったことが発見出来たりするわけです。

次に、同じように中心に私、左右に夫、妻、子供たち、上下に祖父母、嫁姑を記入して、右にそれぞれの短所、左にそれぞれの長所を書き入れてまいります。そして、それぞれの性格を

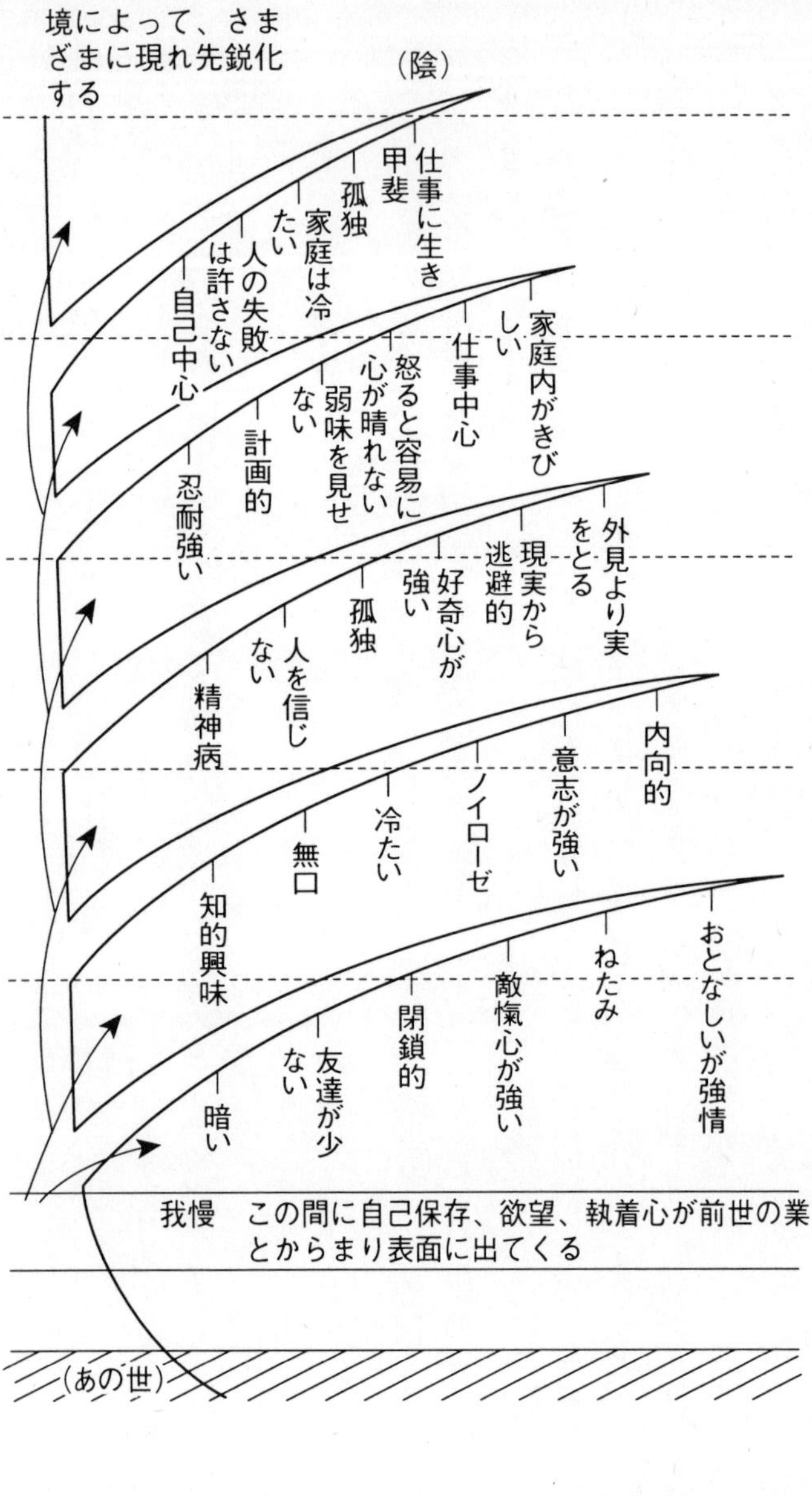
境によって、さまざまに現れ先鋭化する
(陰)
仕事に生き甲斐
孤独
家庭は冷たい
人の失敗は許さない
自己中心
家庭内がきびしい
仕事中心
怒ると容易に心が晴れない
弱味を見せない
計画的
忍耐強い
外見より実をとる
現実から逃避的
好奇心が強い
孤独
人を信じない
精神病
内向的
意志が強い
ノイローゼ
冷たい
無口
知的興味
おとなしいが強情
ねたみ
敵愾心が強い
閉鎖的
友達が少ない
暗い
我慢　この間に自己保存、欲望、執着心が前世の業とからまり表面に出てくる
(あの世)

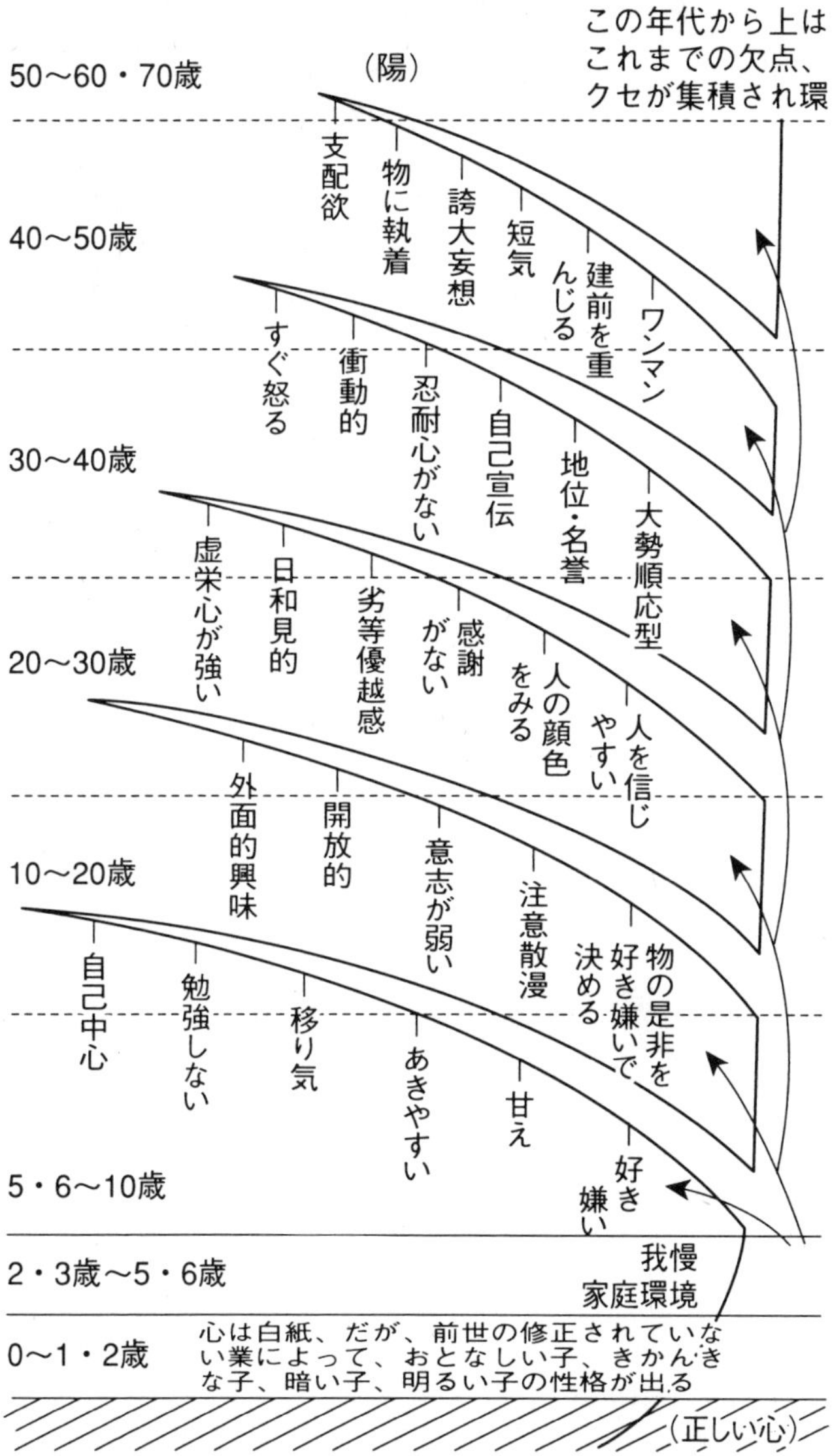
この年代から上は
これまでの欠点、
クセが集積され環
（陽）
50〜60・70歳
支配欲
物に執着
誇大妄想
短気
建前を重んじる
ワンマン
40〜50歳
すぐ怒る
衝動的
忍耐心がない
自己宣伝
地位・名誉
大勢順応型
30〜40歳
虚栄心が強い
日和見的
劣等優越感
感謝がない
人の顔色をみる
人を信じやすい
20〜30歳
外面的興味
開放的
意志が弱い
注意散漫
物の是非を好き嫌いで決める
10〜20歳
自己中心
勉強しない
移り気
あきやすい
甘え
好き嫌い
5・6〜10歳
2・3歳〜5・6歳
我慢
家庭環境
0〜1・2歳
心は白紙、だが、前世の修正されていない業によって、おとなしい子、きかんきな子、暗い子、明るい子の性格が出る
（正しい心）

『反省の要』（GLA総合本部）より

反省課題一　私と環境（周りの人々）＝私の家族・父・母・姉・兄・弟・妹

一、性格の比較

長所（左）、短所（右）の列記

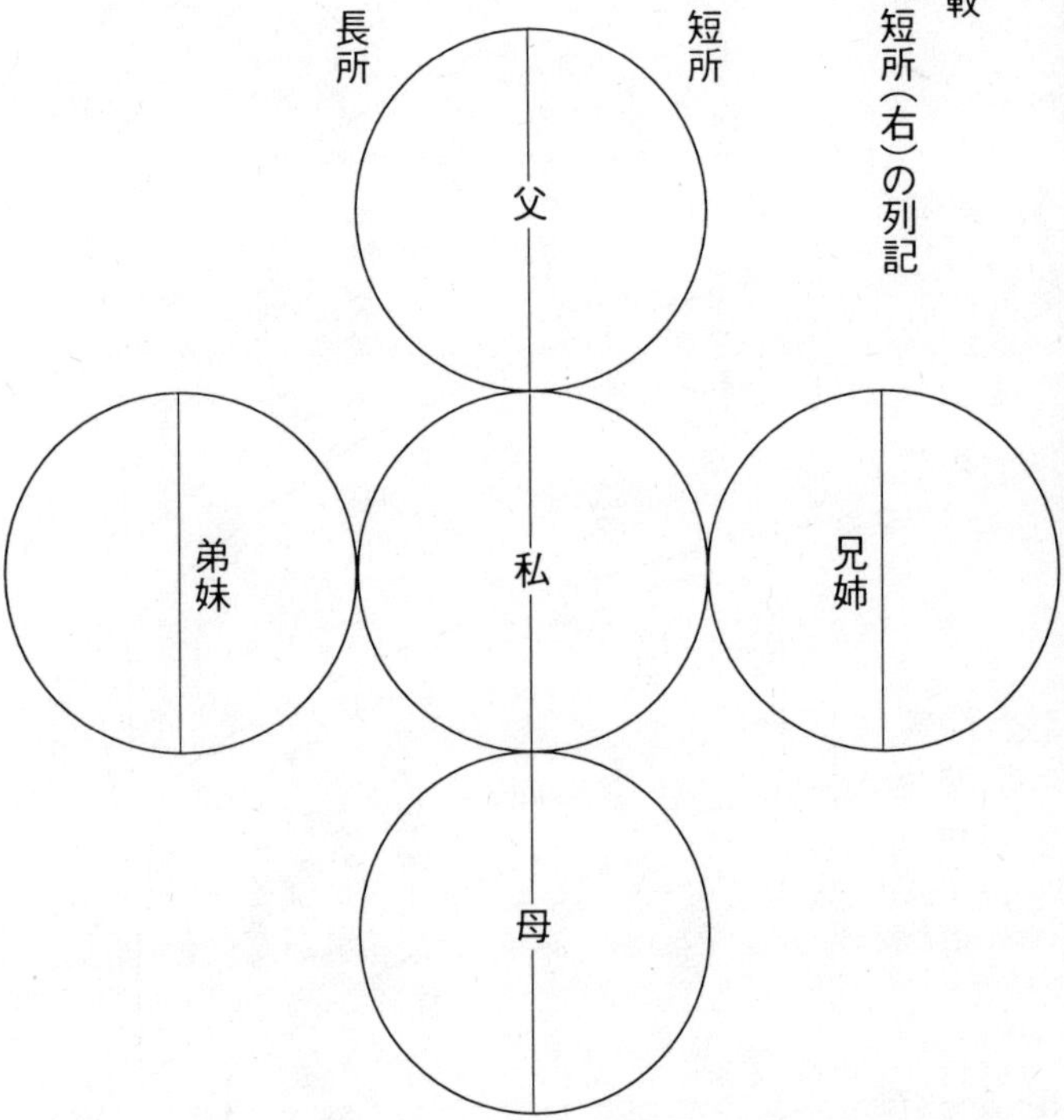

一、性格の比較

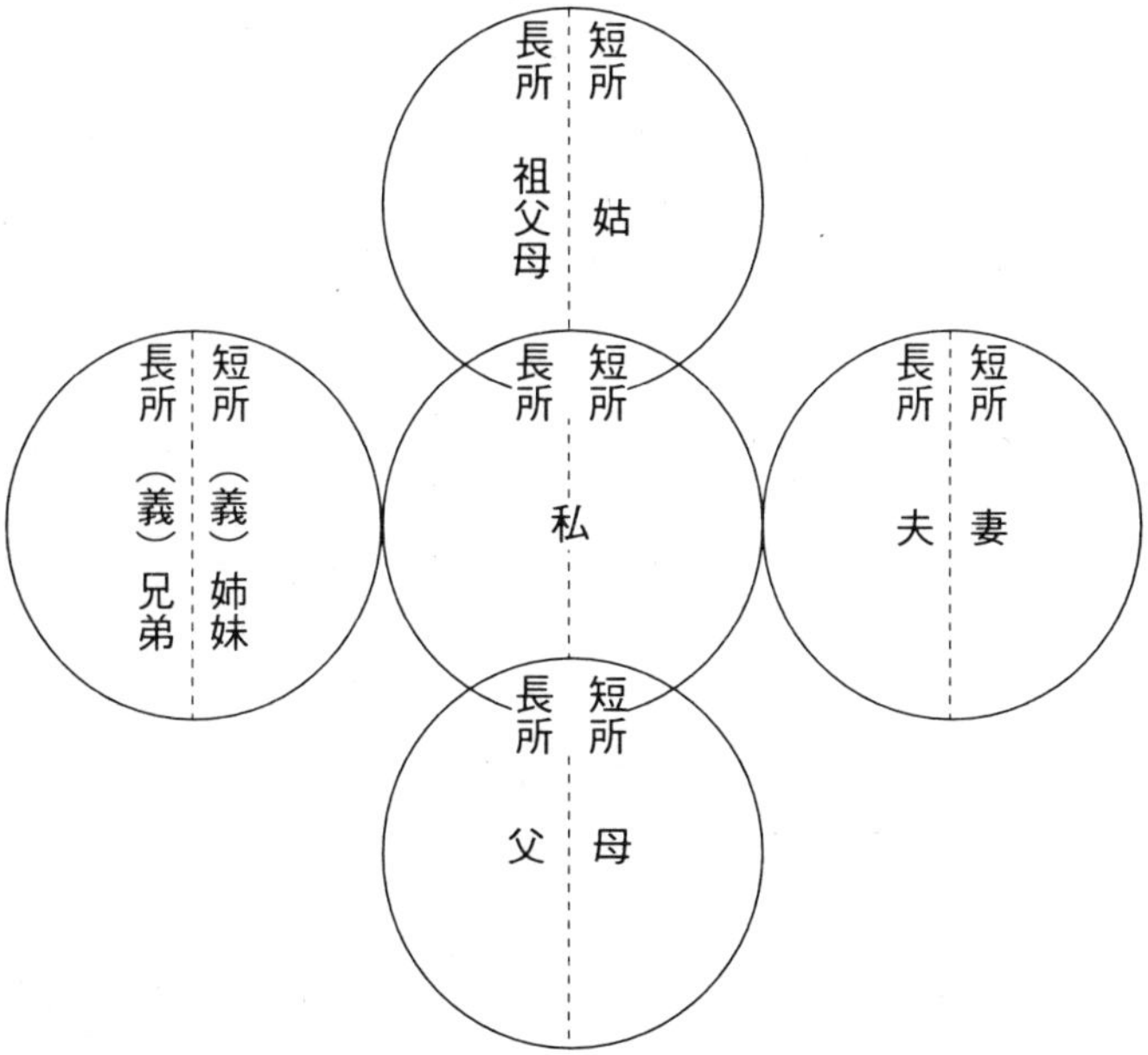

反省課題二　私の家族＝祖父・祖母・夫・妻・息子・娘・孫・嫁

一、性格の比較

長所（左）、短所（右）の列記

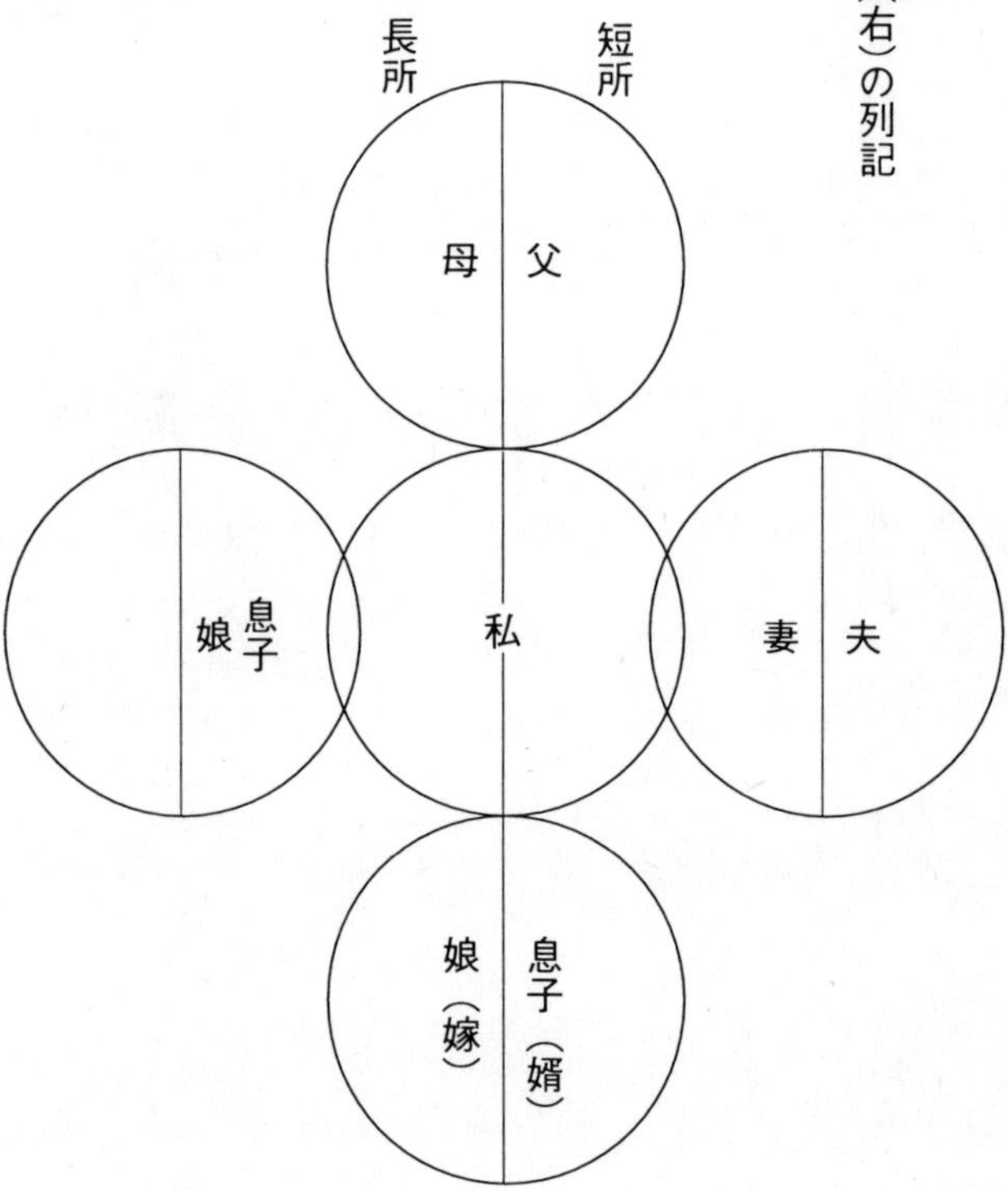

反省課題三　私の職場＝社長・専務・常務・上司・同僚・部下・女子職員

一、性格の比較

長所（左）、短所（右）の列記

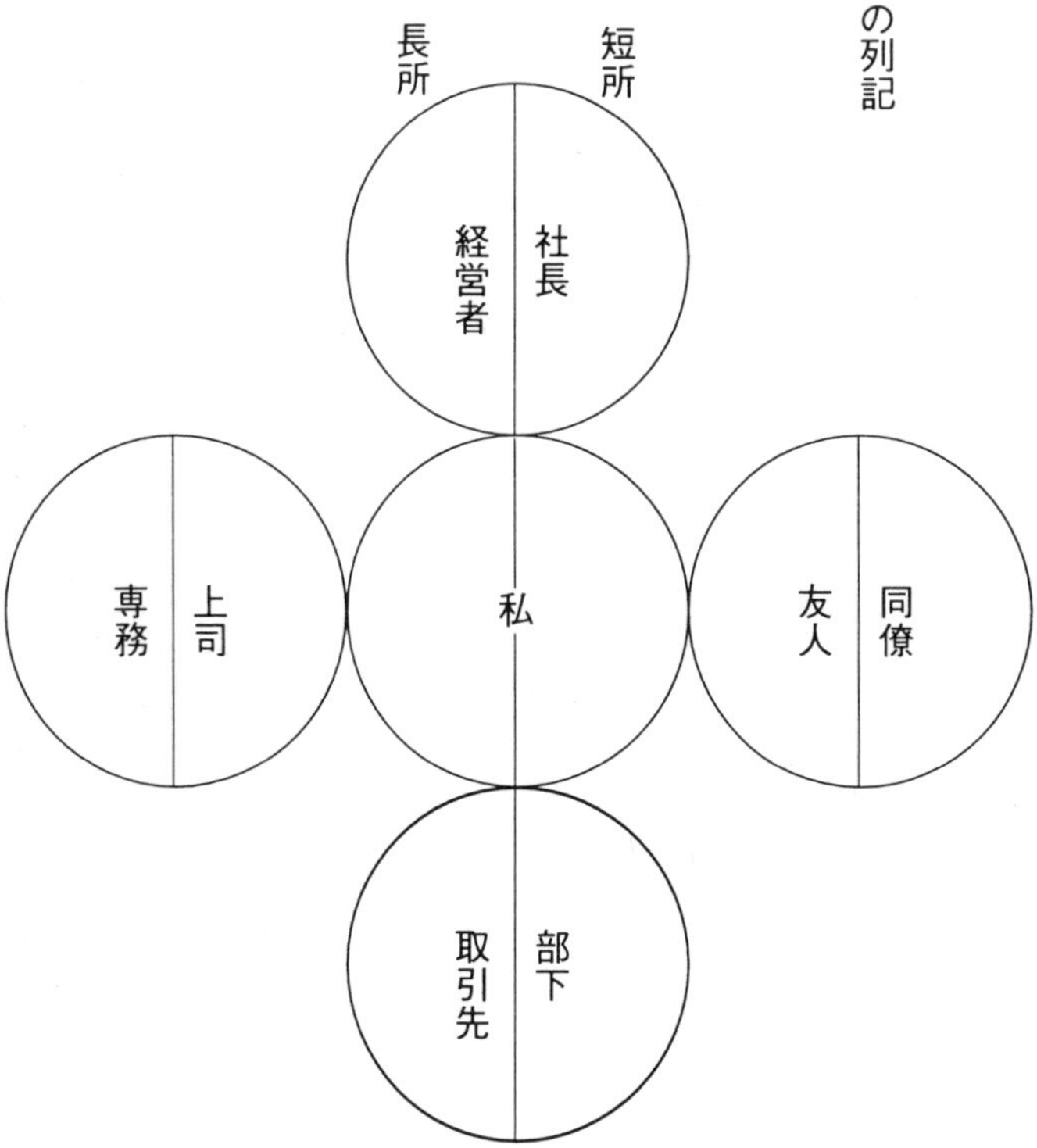

しみじみと味わってみます。するとどの方々にも、驚く発見が見出せるはずです。最後に、円の中に、〝現在（現実）の私〟〝理想の私、こうありたい、こうあった時本当に納得する自分〟〝幸せと喜びを感じる自分の理想像〟を書いていきます。そして、この両者を比較し、味わい、自らの理想像をよりハッキリと描くことにより、神我が目覚め始め、内なる神に一歩ずつ近づいてまいります。

七、父母の愛

次に、内観法と止観によって、父母の愛を、誕生から現在まで辿ってまいります。三つの項目にわたって止観反省、記述してまいります。上の項目には、〝父母にしていただいたこと〟、中の項目には〝父母にして返したこと、させていただいたこと〟を、下の項目には〝迷惑をかけたこと、神の子として恥じる行為〟を、誕生から現代まで、思い出すもの、気づいたこと等、すべて書き込んでまいります。

誕生、入園、入学、十歳、中学、十五歳、高校、就職、大学、二十歳、卒業、就職、恋愛、結婚、子供誕生、三十歳、三十五歳、四十歳、五十歳、父母の他界、六十歳、七十歳、八十歳……と、年代順に書き込んでいきます。もちろん父母に、この世に生んでいただいたことから書き始めていきます。

この〝父母の反省〟を始められますと、どんな方も父母にどれだけの大きな愛を受けていた

反省資料四　父母の愛を誕生から振り返って

書き終えたあと、しみじみとながめます

	父母にして いただいたこと	父母にして 返したこと さしていただいたこと	迷惑をかけたこと 神の子として 恥じる行為
誕生			
入園			
5歳			
入学			
10歳			

中学			
15歳 高校			
就職 大学			
20歳			
就職			

25歳			
結婚 子供 誕生			
30歳			
35歳			
40歳			
50歳			
60歳			

70 歳			
80 歳			
90 歳			
百歳 天寿			

のかに気づかれて、涙がいく筋もホホを伝わっていくはずです。新生への第一歩が、始まったのであります。

〝感謝と愛と喜び〟が復活してまいります。

八、原因を求めて

ここでは、自分の人生にとっての大きな出来事、事件に焦点を当ててまいります。人それぞれ長い人生において、〝これだけは人に知られたくない、秘密にしておきたい〟〝これだけは友人にも話せない〟〝これだけは許せない〟〝これを思い出す度に心が不調和になってくる〟等、その人の人生に大きくのしかかっている事柄、事件があると思います。これらのことがそれぞれの人生に影を落とし、苦しめ、不調和を強い、本来、豊かで幸せで、光り輝く自由な人生に、制限と、暗い影を落としています。

この「原因を求めて」では、その原因を徹底的に追究してまいります。そして、その呪縛《じゅばく》、鎖を解き放って、本来のおのれ自身、神の子に、神我に立ち返る作業をいたします。

まず、出来事、事件を書きます。〝いつ、どこで、誰と、どんなことがあったか、どんなことをしたか〟と、詳細に書いてまいります。

次に、その事件、事柄の経過を書いてまいります。〝こうして、このようになった〟そしてその時の〝自分の心の中に潜む思い、本音〟も書き上げてまいります。心の中の不燃焼の部分を、ここにすべて出し尽くしてしまいます。

三番目に、今までに類似したことはなかったか、振り返ってみます。必ずあります。意識カルマは、循環いたしますので、それらを書いてまいります。また、逆の出来事、逆の立場はなかったかを振り返ってまいります。

四番目に、その出来事の、事件の原因の徹底的追究をいたします。ここが一番大切であります。事柄が、問題が起こるには、必ず原因があります。事柄や結果だけを見つめ、追い続けていたのでは、そこに囚われて右往左往していたのでは、解決は絶対に出来ないし、一生安らぎを得ることは出来ません。

原因を外へ、相手へ求めている間は、解決も、喜びも、光も見出すことは出来ません。〝この人が悪い〟〝あの人の為にこうなった〟と、他を非難し、裁いている間は幸せと安らぎを掴《つか》むことは出来ません。

〝自分から発したものが、自分に帰ってくる〟〝自分と関わらなければならないものが、縁深いものが、必然として関わってくる〟〝自らが蒔《ま》いた種が、芽生える〟という宇宙の法則があります。その理解が深まってまいります。

そして、反省を深め、自己の追究を深める中、その原因は、己の中にあったと気づかれていきます。人ではなかった、その原因は、自分自身にあった、〝自己保存〟〝自己中心〟〝自我我欲〟〝神の子の意識の喪失〟にあったと、理解できるようになってまいります。ここまでまいりますと、反省が深まったということが出来ます。目覚めへの門が、開かれたと言えます。

五番目には、それでは〝その時、どう考えれば良かったのか〟〝どのようにすれば良かったのか〟と、逆上って考えてまいります。ここでは、以前の無明の低い意識レベルではなく、一段と高い、広く深い意識でとらえてまいります。ここまで、止観反省を進めて来られた皆様は、そのような目で見つめていかれます。〝相手の立場に立って〟〝神の子として〟〝永遠の命を生きる魂として〟とらえてまいります。

六番目には、〝そのことは、自分に何を教えていたか〟〝そこで何を学ぶべきであったか〟を見つめてまいります。

人生には決して無駄はありません。事柄には、意味があります。そして、必要なものが与えられます。

〝人生は、体験と学びである〟〝人、神なる道を歩む〟、そして〝過去にとらわれてはいけない〟〝人は、今にしか生きることは出来ない〟、過去は、今の中に集大成され、未来は今の中から築かれていく。それゆえ、今を、浄化し光に変えることにより、今を感謝と幸せと、喜びに変えることにより、至福と安らぎを享受できます。

「今、ということ瞬間を生きること」に、人生のすべてがあります。

〝今というこの時に、命を、愛を、智慧を、光を、感謝を、勇気を、努力を、意思を、魂を、すべてを込めて生きる〟時、人生は、心は開かれ喜びと安らぎを得ることが出来るようになります。

七番目には、すべてを感謝と愛と光で満たします。すべての事柄、事件、時も、場所も、人々も、自らも光で埋めてまいります。すべてを感謝と喜びと、愛と光で包み、祝福をあたえます。

過去のすべてを、カルマのすべてを、すべての体験を光と愛と智慧に転換いたします。「反省は、神の与えた慈悲である」という聖言のごとく、止観反省によって、すべてが許され、感謝と光と愛と化してまいります。何と素晴らしく尊いことでしょう。

天の父の偉大な愛に涙し、人間自らの魂の偉大性を感ぜずにはおられません。

そして、最後に、新生の誓いと、決意を新たにして、「新生の出発」をいたします。新しい人生の出発が始まります。

八の〝原因を求めて〟では、大きな事件、出来事ごとに同じ反省の仕方を行います。一回、二回の反省では、浄化しきれないし、反省がまだ充分ではありません。偽我、肉我の克服には、カルマの清算には忍耐と努力がいります。

止観、反省、瞑想の継続と努力、研鑽《けんさん》、実践を通して、目覚めと安らぎが訪れます。

心の浄化、自らの内省、神我の黙視、内観なしには誰も、目覚め悟ることは出来ません。モーセもイエスも釈迦もこの道を通られ、偉大なる悟りを開かれたのであります。

反省資料五　原因を求めて

一、出来事

二、経過――心に潜む思い（本音）

三、類似の出来事（逆の出来事）

過去へ逆上って、循環する

四、原因の追究

自己保存、自我我欲、

神の子の意識の喪失

五、その時、どう考え、どうすれば良かったか

相手の立場、神の子として
永遠を生きる魂

六、何を教えていたか。そこで、何を学ぶべきであったか

人生は体験と学びである
人、神なる道を歩む
過去にとらわれない

七、感謝　自覚

すべてを光で埋める
すべてを愛と光で包む

八、決意・誓い　新生の出発

反省資料六　自縛からの解放

一、誰にも言えないこと、秘密の事柄
自分の生涯を重くし、苦しめ、悲しませていること
人生を変えた事件、出来事

二、懺悔と許し　自縛からの訣別（解放）飛翔する光の天使

愛と光と、自由を生きて

三、決意、誓い
自らに誓って
天の父に誓って

九、私の歩んだ道

この〝私の歩んだ道〟では、自らの人生を振り返ります。

大きな視点で、神理に照らして、愛と光に照らして、自らの歩んだ人生を、思い考え、実践し、体験した人生を振り返ります。

ここでは、実際にあった出来事を客観的かつ簡潔に書いてまいります。そして、時間の流れを、心の流れを、人生の流れを静かに見つめます。

神理の流れのなかに、自らの人生を流してまいります。そうしますと、その私の歩んだ道、人生に「神理の大河」が見えてまいります。

脈々と流れ続けていた神理の大河、父なる神の愛、そして、自らが求め続けてきた道、魂の願い、最も大切にしたかったもの、の秘められた意図が、姿が見出されます。

自らの人生には、大きな意図と願いと、愛が込められていたことに気づいてまいります。

こうして〝人生の勝利への道〟の歩みが始まってくるのです。

十、人生の卒業式

研修会が終わりに近づきますと、私は、研修会に参加された方々の卒業式を行います。それは普通の卒業式ではありません。〝人生の卒業式〟であります。

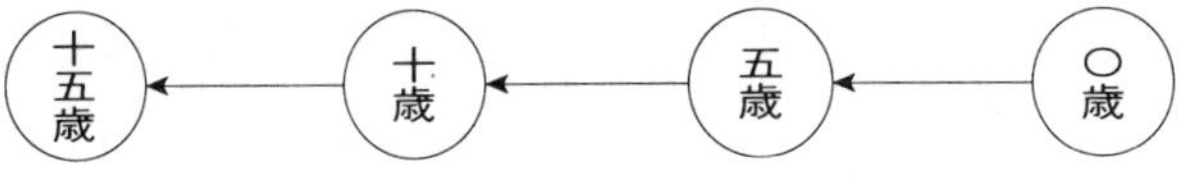

反省資料七　私の歩んだ道

書き方の例

父・幸雄、母・八重子の次男として昭和二十三年に、鹿児島の谷山に生まれた。家は貧しかった。父母は熱心な信仰家だった。姉、兄、そして私が生まれた。

客観化

感情を交えず、あった出来事だけを簡素に書く

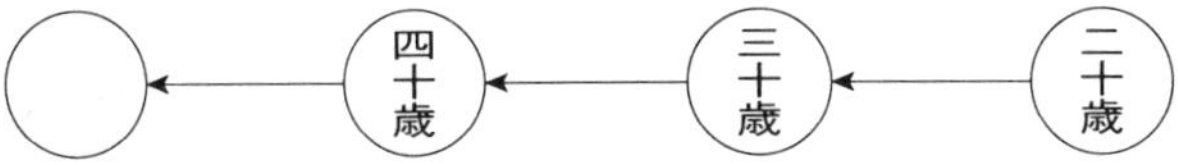

時間の流れを、静かに見つめる

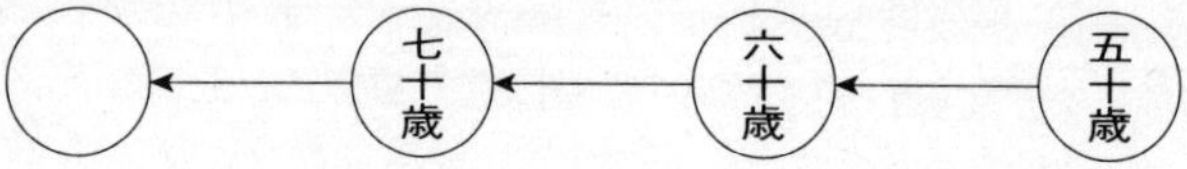

客観化

感情を交えず、あった出来事だけを簡素に書く

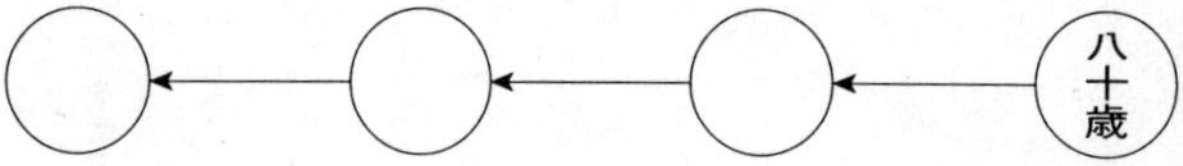

時間の流れを、静かに見つめる

心の研修会を通して、みなさんは過去を振り返り、とらわれや自己制約を解き放ち、心を清算浄化されます。そして、感謝と喜びと安らぎを得ていかれます。

ここでみなさんの過去を完全に清算し、訣別《けつべつ》する為に、一大決心と勇気をもって、人生の卒業式を迎えてもらいます。

ここで自らの人生に別れを告げます。どの方々も今日、この時をもって〝あの世、天上の世界〟へと帰っていただくのであります。

その為、ここでは人生の卒業の、別れの言葉、手紙を書きます。つまり〝遺書〟を書くということになります。

過去のすべてを捨てて、生まれ変わり、新生の自分に目覚めていくのであります。みなさんには、決死の覚悟で、愛する両親、子供たち、孫、妻、夫、兄弟、友との別れの手紙、遺言を書いていただきます。

人生は無常であります。明日も生きているという保障は、誰に関してもありません。お迎えの時が来たら、私たちは、天上の世界へ有無を言わず、旅立っていかなければなりません。そのつもりで書き綴《つづ》ってまいります。

するといつしか、誰の目にも涙が光ってまいります。それが真実の姿であります。

人生の卒業式、遺書

1、父母へ（天界の父母へ）、祖父母へ
2、夫へ、妻へ
3、子供たちへ
4、兄弟姉妹へ、友へ
5、天の父（神様）へ、光の天使たちへ この人生で学んだこと

十一、新生（光の子としての旅立ち）

反省においても、反省研修会においても、最後は「新生（の旅立ち）」で終了となります。過去のとらわれ、呪縛《じゅばく》を解き放ち、偽我、肉我の自分を駆逐《くちく》して、永遠の魂、大生命大霊、神の分霊、神の子として、愛の子として甦ります。

それは本当の自分自身、神我であります。

新生とは生まれ変わった自分、神の子として、光の子として、愛の子として蘇《よみがえ》った自分の、新たな人生の再出発であります。

神の子は偉大で、勇気ある者であります。どんな困難も、悲しみも、病も乗り越えて甦《よみがえ》り、光り輝きます。

偉大なる神の命と智慧と、愛と意思と、力と無限能力をもっております。

ここで高らかに、人生の出発の決意を書き綴ります。自らの神我に誓います。そして、これからの人生における「愛の実践計画」を立ててまいります。心を込めて書き込んでまいります。

一、自らの決意と実践計画

二、家庭（家族）の中で

三、職場の中で

新生（光の子としての旅立ち）

1、決意、誓い（この世で成しとげたいこと）

2、愛の実践計画

1、自ら

2、家庭（家族）の中で

3、職場の中で

4、社会の中で

四、社会の中で

このようにして、反省研修会は、終了いたします。

皆様の姿が、愛の存在に昇華して、神の如く光り輝くのは申すまでもありません。

十二、父母の愛に触れて

反省研修は、父母の反省から入り、次第に深まってまいります。

まず、生まれてから現在まで、父母に「していただいたこと」を書き綴っていきます。一人で生まれ、大きくなったと私たちは思いがちで、父母の恩など考えてもおりません。父母の愛など当たり前のものとして、生きてきました。しかし本当は、生まれてこのかた、父母の献身的な愛と慈悲の中に生かされ、育まれたからこそ現在の私たちがあります。

人は皆、感謝を忘れているのです。〝父母にしてもらうのは当たり前〟〝わがまま言うのも当たり前〟〝心配かけても自分の勝手〟〝親の心、子知らず〟、そうしてきた自己を省みてもまだ、あなたは親孝行してきた、心配かけなかったと、自負されるでしょうか。

私自身も、そうでありました。この神理正法と出会う前の、目覚めのない時は、愚かにも自らを親孝行息子と自負しておりました。しかし、この神理正法を知り、反省止観を通して、愚かな親不孝息子であったことがわかりました。

どんなに親の思いが、愛が注がれていたか、心配や気苦労をかけてきたか、わかってまいりました。自分に如何に愛がなかったか、配慮がなかったか、父母の子として失格であったか、反省止観を通して知ることが出来ました。

十三　愛の原点

いつも話すことでありますが、自尊心の高い中年女性が悩みの相談に見えます。また、わがままいっぱいに育った青年が、若い女性が、悩みを打ち明けにまいります。

それぞれの家庭は、中流以上の、いやそれ以上の人々であります。物理的には豊かな申し分のない家庭の人々が、ほとんどであります。

しかし、その方々は幸せではありません。物質的には満たされていても、心は不安と焦燥感《しょうそうかん》にさいなまれ、潤《うるお》いがなく、不調和で心が満たされることがありません。何故なのでしょう。

その心の満たされることのない方々は、どの方々も例外なく親のことで悩んでおられます。自分の親に対しての不平不満を言われます。

「こんな親はいなければ良かった」「何もしてくれない」「今まで何もしてくれなかった」「心配ばかりかける」「お金もいっぱいあるのに出してもくれない」「お米も野菜もあるのにくれようともしない」「愚痴や不平ばかり言ってくる」「私の言うとおりにはしてくれない。頑固で聞き分けがない」「私の為に何もしてくれない」「私だけどうして苦労をしなければならないのですか」「何もしてくれなかった親に、どうして私が、こんなにしてやらないといけないのですか」……

私は、いつもこの方々に問いかけます。それは、私自身の過去の姿でもあったからであります。

あなたは、「両親は何もしてくれなかった、私が面倒をみてきた、私が、両親の為にやっている」と、言っておられますが、本当にあなたのご両親は、あなたに何もしてくださらなかったのですか。すると、その方々は、「そうです。私が、みてやっているのです」と、答えられます。

そこで私は問いかけます。これはとても大切なことであるからであります。〝人生の原点〟〝愛の原点〟〝幸せの原点〟がそこにあるからであります。

私は、問いかけます。「あなたがこの世に存在しているということは、あなたを生んでくださった方がおられるはずですが、その方は、どなたですか」と。その方は、「私の母です」と、答えられます。

「そうですよね、お父さんとお母さんがいなければ、あなたの存在はなかったのですから」

私は、次々と問いかけていきます。

「生まれたあなたを、最初に温かい手に抱きかかえて、おっぱいを飲ませてくださった方は、どなたですか」「母です」

「毎日のウンチやオシッコの世話をしてくださった方は？」「母です」「父です」

「泣くことでしか表現出来なかったあなたのすべてを、良く理解し、あやしてくださった方は？」「母です」

「毎日、無条件にオッパイを飲ませてくださった方は？」「母です」

「大好きな入浴をさせてくださった方は？」「母です」「父です」

「添い寝して寝んねの子守歌を歌ってくださった方は？」「母です」

「良い子ね、可愛い子ね、大好きよと、愛してくださった方は？」「母です」

「高熱の時、寝ずの看病をしてくださった方は？」「母です」「父です」

「病気の時、病院へ連れていってくださった方は？」「母です」「父です」

「怪我をした時、真っ先に駆けつけて手当てをしてくださった方は」「母です」

「抱っこしてくださった方は、おんぶしてくださった方は？」「母です」「父です」

「パパ、ママという言葉を、お父さん、お母さんという言葉を教えてくださった方は？」「母です」「父です」

「這《は》えば立て、立てば歩めと声援と愛情で育ててくださった方は？」「母です」「父です」

「あいさつを教えてくださった方は？」「母です」「父です」

「数の数え方を教えてくださった方は？」「母です」「父です」

「本を読んだり、お話をしてくださった方は？」「母です」「父です」

「しつけを教えてくださった方は？」「母です」「父です」「祖父母です」

「怖《こわ》がりで、淋しがりやのあなたを、いつも抱きしめてくださった方は？」「母です」「父です」

「服を、履物を買ってくださった方は？」「母です」「父です」

「海に、山に連れていってくださった方は？」「母です」「父です」

「遊園地へ、夏祭りへ連れていった方は？」「母です」「父です」

「忙しい、疲れたと言いながらも、あなたを見ると疲れが吹き飛ぶと、言われた方は？」「父です」「母です」

「いつも、温かい膝の上にあなたを抱き抱えてくださった方は？」「父です」「祖父です」

「いじめられた時、いつもあなたを慰《なぐさ》め、何よりの力強い味方となってくださったのは誰だったですか」「母です」「父です」

「ケンカした時、悪いことをした時、正しい生き方を教えてくださった方は？」「母です」「父です」

「あなたの為に働き、生活の基盤を築いてくださっていた方は？」「父です」「母です」

「毎日心のこもった料理を作ってくださった方は？」「母です」

「お腹をすかして帰って来た時、おやつを用意していてくださった方は？」「母です」「幼いあなたを、いつも背後で大きな愛で見守っていた人は、どなたでしたか？」「母です」「父です」「祖父母です」

私の問いかけに、その方々は、答えられました。「それは母です」「それは父です」と。

私は、その方々がまだ、幼稚園入園、小学校入学以前のことをお尋ねしただけでありました。入園、入学以前のことで、ふと心に浮かぶだけを、問いかけてみました。それだけでも、これだけ多く思い浮かぶわけです。もう少し詳しく、細かく問いかけてまいりますと、大変な数になることと思います。おそらく、一週間かかっても語り尽くせないことでしょう。

私は、問いかけます。「あなたは、父母は何もしていない、してくれなかったと、言われましたが、本当にあなたのお父さんお母さんは、何もしてくれなかったのですか」すると、どの方も身を小さくされます。頭を下げたまま上げられない方もおられます。瞳に涙を潤まされる方もおられます。「わかりました」と、言われてホロホロと大粒の涙を流される方もおられます。

父母が、こんなにも自分のことをしてくださっていたのかと、ほとんどの方々が親の思いを愛を自覚されてまいります。これだけの愛を受けていたのかと、自覚され、それが感謝への涙と変わってまいります。

「魂の開《ひら》け」への始まりであります。しかし、魂の未熟な人、かたくなな人、熟していない魂の方々の中には、魂の開けの起こらない人もおられます。その方々も、いつの日かかたくなな心が砕《くだ》け、魂の開《ひら》け、感謝と喜びに満たされる時が訪れます。そうやって、父母の愛を感じ、感謝と喜びに満たされないかぎり、幸せと安らぎをつかむことなど出来ません。

両親の愛が、原点であり、基礎であるからであります。親を受け入れず、憎み、感謝も抱かず、愛も抱かなければ、その人の存在基盤を、愛の原点を否定していることになりますから、その人がどんな財を得ようが、どんな地位名誉を得ようが、幸せにはなれることはありません。父母への愛と感謝なしに、人類史上で、今まで誰一人として幸せになった人はいません。それ故に、モーゼもイエスも、釈迦も、「父母を愛し、敬え」と説いているのです。

十四　魂の開け

「今まで、小学校入学以前のことをお尋ねしましたが、これから小学校、中学校、高校とお尋ねしたいと思います」と、問いかけますと、かたくなな、虚勢を張った心も砕けて、素直な心で、謙虚に心を開いていかれます。素直な愛の心を、神の子の心を復活されていくのであります。それこそは、光の子としての必然の姿と言えます。

このことを観念の中のことではなくて、ハッキリと自覚、認識する必要があります。そして、紙にノートに父母にしていただいたことを書く必要があります。そうすることにより、視覚にも、記憶にもハッキリととらえられます。


「あなたを入園式、入学式へ連れていってくださった方はどなたですか」「母です」「父です」

「机を、カバンを、靴を買ってくださった方は？」「母です」「父です」「祖父母です」

「入学の写真は、誰が撮ってくれましたか」「母です」「父です」

「入園、入学を誰が一番喜んでくださいましたか」「母です」「父です」「祖父母です」

「楽しいお正月のお年玉をくださった方は、正月料理を作ってくださった方は？」「母です」「父です」

「運動会にお料理を作り、応援に来てくださった方は？」「母です」「父です」「祖父母です」

「ＰＴＡに、授業参観に、文化祭に来てくださった方は？」「母です」「父です」

「遠足、修学旅行の準備をしてくださった方は？」「母です」「父です」

「一緒に入浴して、背中を流したり楽しい話をしてくれた方は？」「母です」「父です」「祖父母です」

「毎日あなたの洗濯をしたり、掃除をしてくださった方は？」「母です」「父です」

「不平を言っても、短気を起こしても、愚痴を言っても大きな心で見守っていてくださった方は？」「母です」「父です」

「学校から帰るといつも、おかえりと、笑顔で迎えてくれた方は？」「母です」

「大病した時、不安になった時、いつもあなたの隣にいた人は、寝ずの看病をしてくださった方は?」「母です」「父です」「祖父母です」

「仕事が辛かったり、厳しかったり、悩んだ時も、あなたたち子供の為、家族の為と、一生懸命働いてくださった方は?」「父です」「母です」

「あなたの長所短所の性格を一番良く知っている方は?」「母です」「父です」

「あなたの悲しみを、喜びを一番良く知っておられる方は?」「母です」「父です」

「辛い時、悲しい時、相談に乗り、一番勇気づけてくれた方は?」「母です」「父です」

「どんな時も、どんな人からも、あなたを守ってくださった方は?」「母です」「父です」

「挫折《ざせつ》した時、失敗した時、あなたを勇気づけ守ってくださった方は?」「母です」「父です」

「赤子の時より、現在までのあなたを、一番良く知っておられる方は?」「母です」「父です」「祖父母です」

「卒業を誰が一番喜んでくださいましたか」「母です」「父です」

「受験を誰が一番心配してくださいましたか」「母です」「父です」

「就職を誰が一番喜び、祝ってくださいましたか」「母です」「父です」

「失恋や恋愛の、色々な体験やアドバイスをしてくださった方は?」「母です」「父です」「兄、姉です」

「結婚を一番喜び、祝い準備してくださった方は?」「母です」「父です」「祖父母です」

「結婚式の日に、幸せになるんだよと、大粒の涙を流した人は?」「母です」「父です」
「子供が生まれた時、良かった良かったと、一番に馳《は》せ参じ喜んでくださったかたは?」「母です」「父です」
「赤ん坊の時から、小学校、中学校、高校、大学、就職、結婚、子供の誕生と、あなたの人生の支えとなり、力となり、息子よ、娘よ大きくなれ、立派になれ、誰よりも幸せになれと願い、祈り続けてこられた方は、どなたですか」

ここまで辛抱強く、丁寧に、わかりやすくお尋ねしますと、どんな方もかたくなな心が砕け、胸がいっぱいになられ、涙を流されます。親の尊い、偉大な無償の愛に気づかれていくのであります。感謝と喜びと、生きている幸せを感じられるようになられます。

ホロホロと泣かれます。嗚咽の声を出して泣かれます。両手を目頭に当てて泣かれます。「ごめんなさい。おかあさん!」と叫ばれる方も、中にはおられます。

子供であっても、大人であっても、八十歳を越える方であっても泣かれます。やくざと呼ばれていた方もオイオイと泣かれます。神の子に帰っていく瞬間であります。過去を詫《わ》び、洗い清め、素直な、柔軟な優しい、愛深い、慈悲深い、生まれたままの神の子に帰っていかれる偉大な瞬間であります。その流される涙の、何と尊く美しく、清いことでしょう。

まぶしく光り輝きます。私も涙します。この瞬間に触れるたびに胸に熱いものを感じます。

そして、共に神の子の新生を喜びます。天の父に祈り、感謝する瞬間であります。かつての私も、同じ道を辿り、感謝に愛に目覚め、悟りへの安らぎへの道を見出すことが出来ました。目覚めへの、悟りへの原点は、安らぎへの原点は、実にここにありました。偉大な道、光への道、これが神理への、反省止観への道であります。

十五　反省止観から光の自分へ

私たちは、小学校へ入学するまでだけでも、父母から多大の愛と慈悲を受けてきております。それに対して、私たちは何をして返したでしょう。どんなに報いたでしょうか。その後、中学校、高校、卒業、大学、就職、結婚、子供の誕生に至るまでに、両親にしていただいたこと、思いをかけられたこと、心配をかけたこと、それは数限りが無いでしょう。一週間かそこらでは、語り尽くせない、書き尽くせないでしょう。

では、私たちは、その無条件の愛を注いでくれた父母に、何をして返したでしょう。何を心からしてあげたでしょう。その愛に答えるべく報恩として、心から何をさせてもらったでしょう。

あなたは、父母の心から喜ぶ姿を何度見たでしょう。千回ですか。百回ですか。それとも十回ですか。もっと少ないですか。大粒の涙がホホを伝わって流れていきます。流される涙によって、心は洗い清められてまいります。

ある青年は、「こんな親はいなければ良かった。自分は生まれなければ良かった」と言ってきました。

一人息子の為、親の愛情を一身に受けて、甘やかされ、大事にされた為に、自由にし放題、お金は遣い放題して、わがままいっぱいに育ち、慌てた親が、息子の為と、可愛い息子を身を切る思いで立ち直らせようとして、勘当され、お金も与えるのを止められました。このままではこの息子はダメになると、涙ながらにその胸の内を語られました。親子の情愛をかみ殺して、親子の縁を切られました。ご両親の苦悩が、また子を思う情愛がひしひしと伝わってまいりました。これもまた愛する息子の再起をかけた、ご両親の愛の姿でありました。

この青年は、親をうらんでおります。もちろん、親の子育てに問題が無かったとは言えません。しかし、この青年は、人一倍の親の愛情を受けてまいりました。体も、頭脳も申し分無い青年でありました。

この青年にも、神理を、反省止観を、親子の愛を説きました。そして指導いたしました。この青年も、私との出会いを通して神理に触れ、反省、止観を通して自らを見つめていきました。そして、回顧の涙を流しました。

自分がどんなに両親の思いを受けていたか、愛情に支えられていたか、理解されていきました。まだ充分な反省ではありませんでしたが、この青年は〝心の窓〟を開きました。しかしその後、ある事件や問題が起きまして、その青年は私の近くにはいません。残念であります。心をかけた青年だけに、彼の心の復活と新生を願い続けております。また共に歩める日を祈り続けております。彼のご両親の心の願いを成就《じょうじゅ》する為にも。

ある御婦人は、自分が兄弟の中で一番体が弱かったことを思い出され、一番親に迷惑をかけ、愛情を受けていたことを知られました。

「自分が親のことをしてやっている」との言葉を取り消され、詫びられ、「こんなに父母に愛を受けていたのですね。がんばって親孝行させていただきます」と、元気にハツラツとした顔で、帰っていかれました。

その後、その方からは「親子楽しくやっています」というお手紙と共に、ご両親が丹精こめて作られた新米のおすそ分けが届きました。

一人の青年は、神理に触れ、反省止観を通して甦りました。近くにいるのに、年に一度か、二度お盆と正月しか、両親の許を訪れていませんでしたが、神理に触れてからは、毎週日曜日、祝日ごとに両親の許を訪ねるようになりました。そこでご両親の肩や腰を揉《も》んだり、気功で癒《いや》したり、親子の心の対話をもったりいたしております。

甦った息子の姿に、瞳が潤むご両親の喜びは、何物にも代えがたい喜びであったことと思います。

〝親は神の愛の代行者〟と言います。親の子に対する無償の愛が、神の姿であります。

ある女性は、幼い時自分を捨てて家を飛び出した母を、恨んでおりました。数十年が経ってその方は結婚されました。そして、子供が出来ました。

幼い時母親と別れ、母の愛を余り知らなかったので、なおさらわが子に情愛をかけられました。この子にはそんな目には遭わせてはならない。そんな強い思いがありました。

そうした折、実の母の所在を知ることとなりました。この女性の心は揺れました。「自分を捨てた母には、二度と会いたくはない。見たくもない。そんな女は母でも親でもない」

しかし一方で、「自分を生んでくれた親に会ってみたい。面影は残っている。まぶたに映る温かい慈愛の母の顔。自分を呼んでくれた時のあの優しい声。まだ脳裏にかすかな輝きをもって残っている。否定しても、忘れようとしても消し去ることの出来ない魂からの響き」「母は今、何を考えているのだろう。何をしているのだろう。私のこと等、記憶にもないだろう。思い出しもしないだろう」「いや、私が我が子を思うように、母も、私のことを一日たりとも忘れたことがないのだろうか」

この女性の心は、「母と会おう。いや、私を捨てた母に会うもんか。しかしこの機会を逃すと、母も高齢であるし、いつ他界するかも知れない。今しかチャンスはないかもしれない」

こうした心の葛藤《かっとう》の後、この女性は結局、実の母と会う決心をしました。

〝実の母を、母と呼ぶのか。それとも、おばさんとよぶのか〟それは自分自身でもわかりませんでした。しかし、そんな危惧《きぐ》は必要ありませんでした。

母の「……ごめんね。お母さんを許しておくれ。お前と別れて、一日たりともお前のことを忘れることはなかったよ。遠くからいつも、お前の成長を見守っていたよ。私のお腹を痛めてやっと生んだ子だもの。でもいまさら、お前の親だなんて言えないね」との言葉に、この女性は「お母さん、会いたかった」と、抱きついて泣かれました。美しい親子の情愛です。

母の言葉に、母のすべてを許したその女性は、その言葉の中に、母の限りない愛を知りました。〝母も苦しんでいたのだ。私たちを置いていかなければならない程の大変なことが母の身に起きていたのだ。苦しんで苦しんだ上での残された選択だったのかも知れない。母は、私のことを片時も忘れてはいなかった〟

こうした困難を乗り越えて、数十年ぶりに親子は、本当の親子の愛を復活させることが出来ました。

あるクリスチャンの方は、幼い日に母を病気で失いました。幼いころの愛する母との別れは、辛いものがありました。母恋しさに何度も泣いたそうであります。母の姿がまぶたに焼きついて、母の面影を忍び、淋しさに泣かれました。

ところがしばらくして、父がある女性を連れてきました。

「今日から、お前たちのお母さんになる方だ、この方を、今日からお母さんと呼びなさい」と言われました。幼かった自分は、とても面食らったそうです。継母ということであります。

ある日突然、父の連れてきた女性を「母」と呼びなさいと言われても、呼べるものではありません。私には、お母さんがいるのに、どうして、あの女性を、「お母さん」と呼べようか。どうしても呼べませんでした。

「私には、お母さんと呼ぶ人は、お母さんしかいない」そんなふうに言ったりして、継母を困らせたりもしました。

「他の人にはお母さんがいるのに、私には何故お母さんがいないの」「何故！　お母さんは、私を残して死んじゃったの」と、泣き明かされました。

継母のお母さんも、一生懸命に尽くしてくださったそうですが、その方は母に懐かず、母を困らせました。

大きく成長しても、継母に懐かず、好きになれませんでした。そして、やがて好きな人が出来て結婚をしました。

結婚して、子供が出来てから〝実の母の心〟を感じることが出来るようになりました。

自分も辛かったけれども、幼い子供を残して、旅立っていかなければならない母は、もっと辛かっただろう。後ろ髪を引かれる思いだった母のことを思うと、思わず「お母さん」と、声に出して泣かれました。

私たちと出会い、神理に触れ、反省止観を通して、自らを見つめられていきました。

父母への反省を終え、継母との反省に入った時、この方は継母の心に触れることが出来ました。継母が、自分の為に一生懸命に尽くしている姿が浮かんできました。継母は、幼い自分の母親になろうと努力し、心を尽くしてくれていました。

心を砕き、思いを込め愛を込め、わがままな、意地っ張りの自分を本当のわが子のように愛してくれていました。

もしかしたら、実の母以上のことをしてくれていたかもしれません。かたくなな自分が、母の愛を受け入れていなかったのであります。

子供をもつ母親となって、反省止観を通して初めて、継母の深い愛を、無償の愛を感ずることが出来るようになりました。

このように深い反省を通して、この方は、大粒の涙を流され、感謝と生きる喜びを語ってくださったのでした。

「先生、私には素晴らしい二人の母親がいます。こんな素晴らしい親が二人もいるなんて、なんて幸せなのでしょう。親孝行が出来て幸せです。大の仲良しですよ。ありがとうございます」と、こんなふうに語ってくださいました。

親の背後に神がおられます。親の子に対する無償の愛の中に、神の姿があります。

親の愛をお金に換算いたしますと、朝昼晩、生まれてからこのかた、二億円になると言われます。

あなたは、ご両親にいくらのお返しをされたでしょうか。ご両親の為に心から何をしてあげましたか。何をして返されましたか。

ご両親が、あなたに尽くした愛を返せと言われることは、永遠にないでしょう。ご両親はあなたの命を救う為なら、命をも投げ出されることでしょう。

私の母もそういう人でありました。私が生まれ、生後六ヵ月の時、私は医者にサジを投げられました。命を保障出来ないと宣告されました。母は、その時願をかけました。偉大なる母心に、ただただ感涙と感動でありました。

諸人が抱く父母への思慕ではありますが、その敬愛できる父母をもてたことが、私の人生の喜びでありました。

十六　母の愛に触れて

私は、終戦後の昭和二十三年に生まれました。父は生来、体が丈夫でなく、色々な職業に携わったようであります。私が覚えているのはクリーニング業であります。

私は、生後六ヵ月の時、大病をして、医者にサジを投げられました。命の保障は出来ないと、死の宣告を受けたのです。

その時の父と母の驚きは、どんなであったでしょう。人以上に子煩悩で、愛情深かった両親のことでありますから、それは大変であったと思っております。

母はその時、一大決心をして、大山家が信仰していました神様の許へ行き、「願」をかけました。私を、神殿に連れていき、神前に深々と頭をたれ、祈り願ったそうであります。

「この子の命を助けてください。私のこれからの人生のすべてを神様に、人助けの為に捧げます」「それでも足らない時には、私の命を引き換えに、この子どもの命を助けてください」と祈ってから、母は六ヵ月間の修行（修養）に入りました。こうした〃母の命をかけた願い〃のお陰で、私の命は再び甦り、大病も無く現在があります。

このことを思うたびに、胸が熱くなります。母と父の深い愛を感ぜずにはおられません。その後、母は、神との約束を違えることなく、一生を神様に、人々の為に生きました。実は、このことを私が知ったのは、母の他界後、数年経ってからでありました。

母の親しい友人、母を支え続けた人からの話で知りました。その話を聞いた時の私の胸は、張り裂けんばかりでありました。熱い熱い涙が、ほとばしり出ました。

母が、私にこれらのことを語ってくれた記憶はありません。

母が、信仰の道に入ったのは、私の病気からでありました。母との強い絆《きずな》を感じます。現在の私があるのは、父母の信仰のバックボーンが在ったからであります。そして、父母を敬愛し、誇りに思う自分があったからこそと思います。

母と私の共通の思い出は、二つあります。

一つは、父がタバコを買ってくるように、誰かに頼んだお金三十円を、私が盗んで、買い食いして、父に、酷《ひど》く叩かれ叱られた時であります。

父の怒りは、大変なものでありました。私は、骨が砕《くだ》けるのではないかと思うほど叩かれました。母は、「純一も謝っているのだから許してやってください」と言って、私をかばって何回も太い棒で叩かれました。

私の手足も腫れ上がっていましたが、母も腫れ上がっておりました。この時私は、母のどんなものからでも命をかけて、子供の命を守ろうとする、深い愛を感じました。そして、怖さと痛さの涙とともに、私をかばって叩かれる母を見て、また泣きました。

そして、もう二度と盗みはしまいと誓いました。

後でわかったことですが、父も泣きながら叩いておりました。わが子が盗みをするなんて信じられなかったのかも知れません。また、父は、医者に、「いつ亡くなっても不思議ではありませんよ」と言われていましたので、自分がいなくなった後、子供たちが言うことを聞かなかったり、非行に走ったりしたら大変だから、悪い芽は早く摘《つ》まなければと、きつく叱ったことも、後でわかりました。

反省止観を通して、私も目覚めることが出来ました。

私の心の師であります、高橋信次先生と出会いました時、先生に指示されまして、自分の過去のすべての反省をいたしました。ノート三冊分になりました。来る日も来る日も反省を重ねました。懺悔と悔い改めと、感謝と喜びの中、ノートは、涙でグシャグシャになるほどでありました。

そして、反省が一段落ついてから、母の前に両手をついて、親不孝だった過去を詫《わ》びました。

「今までの親不孝をお許しください。心配や迷惑ばかりかけました。本当にすみませんでした。

高橋先生に出会って、反省止観して、そのことがわかりました。こんな自分を、子供として生んでくださっただけでも有り難いのに、ここまで育ててくださって本当に有り難うございました。今日から生まれ変わります」と、泣き声で、声にもならない程でした。母も、近頃の私の様子が少し変だと思っていたようですが、ことの状況が、しばらくして飲み込めたようでありました。

親子してハグして泣き合いました。この時初めて、親子としての魂の出会いをいたしました。法悦の涙でむせび続ける私に、心配して、「もういいよ。もういいよ」と声をかけました。「おまえは、良い子だ、おまえを自分の子として産めたのを幸せに思っているよ。もし今度生まれる時も、一緒に親子で出よう」と、泣き笑いで声をかけてくれました。もちろん、私も「うん」とうなずいたのは、言うまでもありません。二人の眼は、真っ赤に腫れ上がっておりました。

これが私の母との間に、一番記憶に残る思い出であります。

十七　開かれゆく心

両親の愛は、何と尊いものなのでしょう。その愛に触れ、目覚め、心開き、人は初めて目覚めてまいります。

その両親に、私たちは何のお返しを、恩返しをしたのでしょうか。私たちは、親が自分のために何をしてくれるかではなく、親のために、自分が何をしてあげられるかを考えるべきではないでしょうか。生まれてから自分が、父母にしていただいたことを書き上げてみれば、その膨大な量の無償の愛の行為に、驚嘆してしまいます。ただ頭の下がる思いであります。幼い頃からの、両親との反省を通して、自分が鮮明に浮き彫りにされてまいります。

自分が愚かであったこと、心配をかけたこと、甘えやわがままであったこと、親不孝であったこと、愛のなかったことがわかってまいります。そして、自分が、無償の愛で尽くしてくれた両親に何も報いていなかったことに気づいてまいります。

神の子としての目覚めへの瞬間であります。涙なくしてこのステップを越えることは出来ません。いかなる方も、いずれは、この反省止観の道を辿っていかねばなりません。そうすることによって、かたくなな心の扉は開かれ、内なる神我が、内なる神が、本当の自分が湧現してまいります。

自らが、無条件に愛され、許され、受け入れられていたことに気づかれます。親の無償の愛を、無限の愛を感じます。そこまで心を砕き、受け入れ、広げ、深めた時、光は自ずから差し込んでまいります。内なる天照大神が光り輝いてまいります。そして、その両親の背後に天の父がおられます。親は、神の愛の代行者であったことがわかります。

十八　生命の連鎖

両親は、この世で自分が最初に出会った存在であります。自分の存在の根源であります。愛の根源であります。

父と母の、陰陽調和の愛の原理によって、私たちは生まれました。五十億の中から縁生によって、二人が出会いました。

そして、母の胎内の一個の卵子と、父の二億個の精子の中の、最優秀な輝く精鋭の一匹の精子が受精合体して、あなたがこの世に誕生いたしました。

二百億年とも、百億年前とも言われるビッグバンによる大宇宙の誕生。四十五億年前に誕生したと言われる地球。数十億年前の生命の誕生。そして人類の誕生。

人間の想像を絶する宇宙の歴史、生命の歴史、累々と絶えることなく続いてきた命の歴史、何と壮大で偉大なドラマなのでしょう。途切れることの無い、その生命の連鎖の頂点に人類が、私たちがいます。

父母の出会いによって私たちがあります。五十億の中から、創造の光、私たちが神という存在に突き当たります。この命の連鎖は、宇宙創世の時より途切れることなく、命は伝承されて、今あなたの存在があります。これを奇跡と言わないで何と言うのでしょう。

人は奇跡を求めますが、あなたの存在こそが、あなたが今ここに生きているということこそが、最大の奇跡と言えないでしょうか。

二億の中の一匹の精子と卵子の結合受精によって誕生した、選ばれた輝く生命であるあなたは、あなた自身を、奇跡の存在だとは思いませんか。「奇跡の人」「神の申し子」それがあなたの存在であります。悲しいことに、人はこの奇跡に、内なる命に目を向けないで、外なるものに目を奪われ、苦しみ疲れております。

輝く命に心を向けないで、移り行く物質文明に翻弄《ほんろう》されております。

あなたの命の中に、遺伝子のなかに、DNAの中に、宇宙創世の二百億年の歴史が、生命の命の歴史が込められております。

あなたの命の中に、遺伝子のなかに、あなたの父の母の喜びが、悲しみが、苦しみが、願いが、祈りが、命の輝きが込められております。父母だけでなく、祖父母の、また曾祖父母の、それ以前の命の流れの人々の、人類の始祖の、人類総和の願いが、祈りが、命の輝きが息づいております。

あなたは一人では生きていないということであります。あなたは人類の始祖に、人類の総和の願いに、命の輝きに思いを馳せたことがありますか。その願いと、命と、一つになってみたいとは思いませんか。

それとも、生命、魂を疎んじ、外なる世界、物質の世界、欲望と我欲の世界に心身をさまよわせ続けますか。

あなたの命の中には、意識体の中には、あなたが否定するしないにかかわらず、宇宙創造の歴史が、命の創造と進化の歴史が、人類の祈りと願いと、愛と命の輝きの歴史が込められております。

あなたが心を静めて、瞑想して、内なる命に、真我の意識に問いかけた時、あなたの根源、魂神我は、静かに命と光の発信をしてくれることと思います。

十九　開かれゆく心

自分をこの世に生んでくださった母親。慈しみ育ててくださった父母。その存在を受け入れられない、認められない、許せない、愛せない人は幸せになることは出来ないでしょう。安らぎを得たい、目覚めたいといっても、それは不可能なことでありましょう。父母を、兄弟を、子を、隣人を愛せない人が、愛の国へ入ることは不可能でしょう。何故なら、愛をもたない人が、愛の国に住めるはずがないからであります。

愛と許しと、光と調和なくして、神の国には住むことは出来ません。反省止観を通して、父母への愛と感謝、喜びの道が開かれ、〝魂の開け〟が起こります　父母の反省が終われば、次は兄弟姉妹、夫婦親子、嫁姑、友人知人、師弟、上司部下、隣人と反省を広げ、深めてまいります。心の浄化、修正改心、感謝報恩、喜び。そうした中から、子へ、兄弟へ、夫婦へ、友人へ、会社へ、社会へ、国へ、世界へと、また大自然へ、生きとし生きる生命へと、愛は広がり深まってまいります。

涙と感謝と、歓喜と命の喜びを感じる日々が訪れてまいります。誰もが、この道を通り、目覚めへの道を歩んでまいります。

愛と感謝と光の道は、愛と光に満ちた家庭から育まれ広がってまいります。その家庭に愛と感謝と光を灯すには、自らがそうならなければなりません。

自らが感謝と喜びに満たされ、愛と光を放たなければなりません。そのためにも自らを見つめること、自らを振り返ること、反省止観が必要であります。

そのためにイエスは、「神理」を「愛と許し」を、釈迦は「仏法」を「八正道（八つの正しい道、規範）」を説かれました。

そうして、私たち人類を、神理へ、愛と光と安らぎの世界へと導かれました。

二十　反省は何故必要か

ここで改めて、何故反省が必要なのかを問うてみたいと思います。

私たちは、この世に生まれた時から周囲の環境、教育、思想、習慣等、色々な影響を受けてまいりました。

一番の錯覚は、肉体を自分自身と思ってしまったことであります。霊、魂、生命意識であることを忘れてしまいました。

自分は、死ぬ存在、病気をする存在、年老いてしまう存在であると自らを限定して、殻のなかに意識を、命を閉じ込めてしまうようになりました。

永遠の命を生きる存在、永久の不滅の魂、光り輝く神の分光、分け御霊であるのに、その存在を見失ってしまいました。偉大なる愛の存在であることを忘れてしまいました。

創造の父と繋《つな》がっている存在であるのに、大生命として繋がっているのに、それを自ら分断して、分離感をもってしまいました。創造の父との意識、生命の分離感をもってしまった為に、人と人との意識、生命の繋がりも、大自然との繋がりも切れ、分離感をもってしまうようになりました。本来の愛の輝きを失うようになってしまいました。

その為、愛なき、光なき、孤独と不安、不調和の存在となってしまい、真実の姿が、光の人生が見えなくなってきました。

そうして、心の中に多くの塵やホコリ、スモッグを積むようになってしまいました。

心の三大毒「愚痴、怒り、足ることを知らない欲望」を中心に、恨み、妬み、嫉妬、憎しみ、甘え、増上慢、自己卑下の心にとらわれ、チリとホコリを積んでまいりました。

肉体、物質にとらわれ、欲望のおもむくまま、〝肉体こそが己自身である〟と、錯覚《さっかく》してしまいました。すべてを自我のままに、自己保存のままに生き、自らが永遠の魂、愛の存在、神の子、神の分霊であることを忘れ去ってしまいました。

その神の分霊、愛の存在、光の存在であることを思い出すために、そのものであると復活する為に反省止観があります。心を浄化して、悔い改め、新生して、偉大なる神の子として目覚め、立ち上がってまいります。

反省止観の意義は、そここそにあります。反省止観を通して、創造の父に、天の父の命と意識に繋がってまいります。

自らを省みて、清め輝かせ、祈ることにより創造の父の、天の父の光が、命が、限りない愛が降り注がれてまいります。

その光と命と、限りない愛を受けて、その人自らの内に眠っていた光と命と、愛が湧現復活してまいります。偉大なる目覚めの時であります。偉大なる天と地の交流であります。

二十一　人間の天命

人間は、「肉の衣を着た神」といえます。肉体という船に、神の意識を、命を、魂を乗せた存在であります。神の子、神の分霊、分魂、分意識であります。

肉体は乗り船であって、船頭、主人は別であり、その船頭こそ、あなた自身、神の分霊光そのものであります。

人間はこの肉体船を通して、この地上に、父の代わりに、天の父の想い、願い、愛、光命を現す為に創造されました。

天の父との融合、神人和楽の世界を作る為に、天の父は、私たち人間を造られました。

人間は、肉体の衣を纏《まと》って、色々の体験をし、学び、神の子の本性に目覚め、神の御国を打ち立て、自らが出てきた光の世界、神の国に帰ってまいります。

それが私たち人間に与えられた、天命であります。

「肉体は、神の宮なり」「神は内に宿る」「仏性宿る」「反省止観せよ。内を観よ」と言われましたイエス、釈迦は同じことを説かれていました。「天の父と我は、一体なり」「天の父が、我がなかで働かれる」と説かれたイエスも、「宇宙即我」の境地に立たれた釈迦も、私たちに、宇宙の法則、神理を説かれ、人の進むべき道を示されたのであります。

二十二　輪廻と偉大なる転換期

私たちは、輪廻、転生の過程で色々な体験を積んでまいりました。肉体をもって、神の御心を現すのが、私たち神の子の使命であります。

意識が目覚めず、心が開花せず、未熟で、無明の中、過ちを犯し罪を犯してまいりました。しかしその失敗や体験は、大きな魂へと成長する礎となり、智慧ともなりました。

私たちは、幾多の転生過程で政治家として、宗教家として、医者として、農夫として、あるいはまた武士や商人として生まれてまいりました。

ある時は三千数百年前のエジプトのモーゼの時代に、二千年前のイスラエルのイエスの時代に、ある時はまた、二千五百年前のインドの釈迦の時代に転生をもち、それぞれのメシアの、光の大指導霊の神理を学んでまいりました。

そうして今、人類の魂の熟する時が到来して、神の時代、光の時代、愛と調和の時代が数千年の時を、数万年の時を経て訪れました。人類の待ちに待った黎明《れいめい》の時代であります　私たちは、永久の神理が説かれるこの時代、イエスの「愛と許し」、釈迦の「慈悲と仏法」の再び甦ったこの時代、その神理を説かれる方々が世に立たれたこの時代に、自己を省みて、深く見つめ、神理を体得して、自らの内に眠っている神我を湧現していかなければなりません。

今、人類は、人類の歴史の生死をかけた時代の大転換期に遭遇《そうぐう》いたしております。二千年に一回、いや数万年に一回しか訪れないであろうチャンスに遭遇いたしております。感ずる感じないにかかわらず、信ずる信じないにかかわらず、私たちはその偉大な時に直面いたしております。

遅かれ早かれ、人類の誰もがこの真実に気づいてまいります。このチャンスは、最後のチャンスでもあります。

その為にも、外ではなく内に、物質や肉体でなく心に、心の浄化に努めなければなりません。

二十三　神の子への復活

心の中に巣作っているチリ、垢、ホコリの心のスモッグを払い、落とし、清めなければなりません。心の中が濁り、曇っている以上、内なる神我は顕現出来ません。「心の天の岩戸」を開いて「内なる天照大神」を出すことはできません。

内なる天照大神とは、〝神我、神の子の意識、神の分霊、生命〟のことであります。心にかかっているスモッグ、とらわれの為に、創造の父の、天の父の光が差し込んでまいりません。天の父の無限なる愛と光と智慧が降り注いでいるのに、みなさんの心には届きません。その心のスモッグ、とらわれを払い解き放つのが、反省止観であります。

第三者の立場で、相手の立場に立って、神の子として、永遠の生命として、神我でもって過去の自分を、今の自分を見つめてまいります。そして人生の暗い部分、とらわれの部分、不調和の部分を解き放ち、調和させ、光り輝かせてまいります。

反省止観が深まるにつれて、すべてが光の存在であり、一つの生命、天の父から出た存在であり、兄弟姉妹であり、愛の存在であったことがわかってまいります。

神は外ではなく、自らの内に宿っていたことに目覚めてまいります。

天の父は、永遠の過去から現在、そして未来永劫に私たちを生かし続け、見守り、愛し続けておられます。私たちが、父の存在に気づく日を、父の愛を受け入れる日を千秋の思いで待ち続けておられます。

反省止観、祈りと実践を通して天の父と繋がってまいります。

父母との反省、兄弟姉妹との反省、夫や妻との反省、子供との反省、友人知人との反省、上司部下との反省、先生との反省、隣人との反省を通して、自己をしっかり見つめることにより、真我を見つめることにより、その原因が見えてまいります。その意味するものがわかってまいります。〝何故そういうことが起こったのか〟〝何故自分が苦しんでいるのか、悩んでいたのか〟〝何故とらわれているのか〟がわかってまいります。

そして、反省が深まるにつれて、〝すべての原因は、自分の中にあった〟ということがわかってまいります。〝原因があって、今の結果が現れております〟自分に関わりのないものは、自らには起こりません。縁のないものは、引き寄せません。〝みな、自分が放ったものが、自分に帰って来ております〟〝自分の蒔いた種が、実を結んでおります〟

その事件も、事柄も、現象も、病もすべて自分に原因がありました。そのことを理解し、深く見つめるようになります。そして、それらは私たち自身に気づきと、目覚めを与えているものであります。真の愛を復活させ、神の子へ帰る機会を与え続けていたのであります。

相手がいるとしても、結局苦しんでいるのは自分であり、悩んでいるのは自分自身でありました。とらわれているのは、己自身でありました。

「私は……」「私が……」「私を……」「私が正しい」「私を何々してくれない」そうして、悩み苦しみ、分離の中に、無明の中に自分を閉じ込めてまいりました。

「蒔《ま》いた種が生える」「自らが蒔いた種の実を、刈り取らねばならない」の箴言のとおりであります。〝ナスの種を蒔けばナスが実り、ユリの種を蒔けばユリが咲きます〟〝苦しみの種を蒔けば苦しみが、悲しみの種を蒔けば悲しみが、憎しみの種を蒔けば憎しみが花咲きます〟また、〝喜びの種を蒔けば喜びが、感謝の種を蒔けば感謝が、光の種を蒔けば光が、愛の種を蒔けば愛が花開きます〃すべて自分が蒔いたものが、花開いてまいります。

自分の投げた、放った球が自分に帰ってまいります。白い球と黒い球、あなたはどちらを投げられますか。

白い球とは、愛と光、感謝と喜び、素直と許し、勇気と努力と智慧等の良き球を表しております。黒い球とは、憎しみと怒り、愚痴と欲望、欲望と増上慢、甘えと怠惰、嫉妬と自己卑下等を表しております。

あなたは、今までどんな球を投げてこられましたか。そして今、どんな球を投げておられますか。その投げた球を、放った球をあなたは受け取っておられます。人生は、ブーメランの如きものであります。

これは宇宙法則であり、科学法則であり、神理であります。イエスも釈迦も宇宙の法則科学を説かれたのであります。それが後に、キリスト教、仏教となりました。

自らが蒔いたもの、放ったものを一つ一つ見つめ、解き、省み、光を当て、愛のエネルギーで満たしていく時、すべてが光と化していきます。それが反省止観の素晴らしさであります。「反省は、人間だけに与えられた特権である」「反省は、神の与えた慈悲である」との箴言の通りであります。

内なる心を見つめ、とらわれから放たれ、心の曇りが晴れるにつれて、色々の、心の内からの直感、予感、霊感が働くようになります。内なる響き、神我の問いかけを感ずるようになります。そうして、過去世の意識を紐解《ひもと》く方も出てこられるようになります。

三千数百年前のモーセの時代を、二千年前のイエスの時代を、二千五百年前の釈迦の時代を紐解かれ、その時代のことを懐かしく、涙ながらに語られる方々も多く出てまいります。偉大なるパラミタ、潜在意識が開かれた大いなる瞬間であります。

神我が湧現する素晴らしい瞬間であります。そうして、光一元、愛一元、神一元へと突き抜けてまいります。天の父との融合、内なる真我との出会い、幾千年、幾万年いや幾億年と魂の願い続けた神我との邂逅《かいこう》。

「我は神の子なり」「我は愛なり」「我は霊なり」「我は大生命なり」「我神の分霊なり」の境地に達してまいります。

イエスもモーセも、釈迦も反省止観、内省を通して「神我一如」「宇宙即我」の境地に達しました。私たち誰もが、疑問追究を繰り返し、原因を求め続け、叩いて叩いて、求めて求めて、やがて目覚め悟りに達していくのです。

二十四　光の瞑想法

反省止観を終えたあとで瞑想を行いました。心が清まり愛と光に満たされた時、深い聖なる瞑想に入ることが出来ます。

その為いつも反省したあとは、瞑想をいたします。瞑想も色々なやり方がありますが、私は、いつも単純で、入りやすく、しかも深意識、高いバイブレーションを保つことの出来る「光の瞑想法」を取り入れているからです。

呼吸を整えることがとても大切になります。何故なら呼吸と心、意識は密接につながっているからです。呼吸が静かで深いと、人の心は落ちついて平穏であります。智慧が湧き、ひらめきが起こり、直感が働き、冷静な判断が出来るのです。

反対に、呼吸が浅かったり、荒く乱れていますと、正しい判断も冷静な判断も、智慧も直感も働きません。自己卑下したり、反対に人を責めてしまったり、人との間に不調和を来たします。そして、健康にも良くありません。

一般には調息法と呼ばれております。私は心身を調和するために最初に「七・七・七呼吸」を採用いたしております。

全身の力を抜きます。正座でも胡座《あぐら》をかいても構いません。背筋だけはピンと伸ばします。天から地へ、鉄の心棒が突き抜けて立っている気持ちでいます。

まずお腹の空気をゆっくり精いっぱい吐き出します。今度は自然に空気を吸いたくなりますので、ゆっくり鼻から吸ってゆきます。口からではなく鼻から吸います。息を吸い込むと同時にお腹をふくらましてゆきます。この時、下両脇をふくらまし、臍の下まで膨らましてゆきます。まるでゆっくり風船を膨らますように、ふくらましていきます。出来るだけ自然体のままであります。

次にお腹がいっぱいに膨らみましたら、今度はそのいっぱいになった空気を、グッと下腹へ少し押し込めます。この時に重心というか、いくぶん力を入れる所は、オヘソと背骨の間の中間点であります。そして苦しくなる前にゆっくりと息を鼻から吐いていきます。口から少し漏れる分は構いません。

この吸う、溜める、吐くの動作を七つ数えながら、七、七、七呼吸をしてまいります。七、七、七の数が少し長いと思われたら「五・五・五呼吸」から始めまして、慣れてきたら「七・七・七呼吸」に戻したら良いと思います。

この呼吸をいたしますと、ベータ波がアルファ波に変わります。もっと精妙なシータ波の波動になっていく人々もいます。

場所の設定としては、山でも海でも、野原でもかまいませんが、私は、海の見える丘に座って瞑想している姿を、イメージしていただいております。

静かな海の水平線から、黄金の光り輝く大きな太陽が上がってくる姿を想念していただきます。

海から昇ってくる黄金色の太陽、すべての闇を照らし、愛と慈悲の光を、智慧と癒しの光を放って、私たちの心を、体を照らしてくれます。美しく荘厳で親なる太陽、古代大和の人々は、「天照大神」と呼称いたしました。また天空のキラキラ輝く太陽を想念します。静かに見つめていますと、清らかさと、懐かしさと、荘厳さに心を打たれてしまいます。その慈愛の光を受けて、私たちの全身が黄金色に輝き出します。胸のハートにある内なる太陽、神我、天照大神が光り輝きます。あたかも鏡に写し出されるが如くであります。

神の化身として現れています太陽と、内なる神我の太陽が呼応して、共鳴して光り輝きます。実際には、心眼で見れば内なる太陽も、海から昇る太陽のように光り輝いています。私たちが、そのように感じていないだけであります。

私たちの体からは、黄金のまばゆいばかりの光が放射されております。それを自覚して感じていませんので、放射されないだけなのであります。真実私たちは、神の分霊、神の分光、神の生命そのままを生きている存在であります。

吐き出す呼吸と共に、内なる不調和な想念、とらわれ、愚痴、怒り、欲望、嫉妬、増上慢、自己卑下、甘えを、また体の不調和な部分を、病を、悩みを天空へ吐き出してまいります。

そして吸う呼吸と共に、天の父の、偉大なる太陽の愛を、光を、智慧を、癒しを、安らぎを、健康を、豊かさを、喜びを、感謝を、全知全能を、無限力、創造力を、全身全霊に受けます。

偉大なる光の愛の癒しの粒子が降り注いでまいります。虹色に輝く神一元、光一元の世界でありります。目を向ければ、感ずれば、目覚めればそこは地上楽園、光と愛の光明の世界であります。

そこには七色に輝く虹の世界があります。頭上から天の父の大いなる光が降りてまいります。母なる大地、地球からは愛と癒しのエネルギーが湧き上がってまいります。内なる太陽、神我、魂が目覚め、自らの力で光り輝きます。あたかも黄金の太陽がもう一つあるが如くに光り輝きます。自ら自身、神の化身である自分自身の神我の太陽が、己自身は元より周囲を、海を山を、大地を地球をも照らしてまいります。

肉体の感覚を超えて、いつしか太陽自身になっております。全細胞が光り輝き、太陽をかたちづくっております。

心の内より愛が満ち溢れ、光が満ち溢れ、喜びと感謝が満ち溢れ、至福の中に、いつしか幾筋もの涙がホホを伝わって流れてまいります。

何の心配も、不安も、とらわれもない、すべてを創造の神、天の父に委ねた絶対安心の世界であります。安らぎと至福の世界であります。

愛の世界、光の世界、調和の世界、完全統一の世界であります。天の父との合一の世界であります。

太陽が私、私が太陽。海が私、私が海。大自然が私、私が大自然。地球が私、私が地球。いつしか自分が溶けてしまい、大自然の中に、大宇宙の中に溶け込んでしまいます。

心のなかで「我愛なり」「我光なり」「我永遠の魂なり」「我神の分霊なり」「我大生命なり」と、そのものとなって唱え続けてゆきます。

この光の瞑想が二、三十分続きます。「天と地の架け橋」の時、天と地が一つに融合する荘厳な偉大な時であります。

このようにして光の瞑想が終わりました。

二十五　奇跡の鹿児島空港着陸

反省研修が一段落したところに、大阪の光の天使たちが、会場に入場してまいりました。会場の一同みんなから拍手が起こりました。喜びを満面にたたえている人、涙にむせび泣く人、ハグして喜び合う人、会場は熱気と感動に包まれました。

私が、既にビジョンで見ていました場面が、そのままに展開されました。天の父に感謝。天上の天使たちに感謝。大阪のみんなに感謝。会場のみんなに感謝……胸が熱くなり、自然に瞳に涙が潤んでまいります。

天の父の笑顔が、浮かんできそうでありました。「ありがとうございます」と、心の中で何回も叫びました。

大阪空港から、鹿児島空港へと飛行機が飛んでまいりましたが、ひどい雨のため着陸出来ず、鹿児島空港上空を旋回いたしておりましたが、この暴風雨の為、着陸は不可能と判断して、機長は大阪空港へ引き返していきました。

大阪へ引き返しました七人は、鹿児島空港へ着陸出来なくて、残念がりましたが、誰一人として鹿児島研集会への参加を諦《あきら》めた人はいませんでした。誰もが私たちの許へ行けると信じて疑いませんでした。

そして鹿児島行きの最終便の空席待ち登録をして、全員が最終便の出発を待ちました。彼女たちは、何という強い信念をもっているのでしょう。何という素晴らしい結束なのでしょう。胸に熱いものを感じて、目頭が熱くなりました。

鹿児島到着の最終便の飛行機の時間はおおよそわかっておりましたので、私は天の父に祈り、その時間に鹿児島空港上空が、雨が止んで晴れている情景を意念し、リアルに実現いたしました。そして飛行機が着陸した状態を喜びとともに、鮮明に描きました。

その想念を実現したあと、あらためてダメ押しの想念実現の設計図を描きました。その想念実現の設計図とは、完成図とは、次のような方策であります。

鹿児島空港の飛行機の着陸地点に、絶対に抜けない、壊れない、折れ曲がらない太い鉄杭《てつくい》を打ち込みます。そしてその杭に絶対に切れない、無限に自由に、思いのまま伸び縮みする〝金のゴム紐〟をしっかりと括りつけます。

次にその金のゴム紐を、ズット大阪空港まで引き延ばします。そしてその金のゴム紐を鹿児島行きの最終便の飛行機にしっかりと巻き付けます。

次は、飛行機を滑走させて離陸させればＯＫ、完成であります。それから後は、何も心配も、配慮もいりません。金のゴム紐の張力(引力)で、飛行機は必ず鹿児島空港に着くことになります。そのように設計図を描きました。

飛行機の機長、パーサーをはじめ、全員を光で包み、飛行機を愛と光のバリアーで包み込みました。

そして、天の父に願いの成就した喜びと感謝を捧げ、父の御心にすべてを託心いたしました。それが、祈りと願いを成就させる秘訣であります。イエスも「こと、既に得たりと祈れ」と聖書に述べておられます。

鹿児島行きの、大阪空港発の飛行機に乗った仲間全員は、必死に祈りました。誰もがそれぞれに出来る最大の祈りをいたしました。「鹿児島空港に着かせてください」「魂の研修会に参加して、心の友に会わせてください」「私の待ち望んだ願いを、叶えさせてください」……。大阪の心の友の、必死で祈る姿を見ていました周りの人々も、一緒に祈り出されました。飛行機の機内は、祈りと、愛と光のエネルギーで満ち溢れておりました。祈りと祈りが、光と光が響きあっておりました。

その祈りの結集が、愛と光の結集が、飛行機をまた、鹿児島空港へ導いていきました。

飛行機の着陸する二、三十分の間は、風雨が嘘のようにピタリと止みました。「信念の勝利」「信仰の勝利」「愛の勝利」と言えると思います。みんなの喜びに満ちた顔、心の讃歌、このことはいつまでも、みなさんの心の中に刻まれ続けることと思います。「これが、奇跡なのですね」と、福岡の方が叫ばれました。

参加された全員の方が、奇跡を目の当たりにいたしました。大阪のみなさんを、盛大な拍手で迎え、研修会は益々熱気を帯びてまいりました。

夕食後は自己紹介となりました。

それぞれ、この反省研修会に来た理由、自分の辿ってきた道、私たちに出会うまでを話されました。喜びと感動で胸がいっぱいになり、涙で言葉にならない人もおられました。

研修会場のみんなも、喜びと感動の思いを共有しておりました。

今回の研修会に参加された方の中には、重い病気を抱えて来られた方々も四、五名おられました。また家庭に重病人を抱えた方々もおられましたので、「心と肉体の調和」「心身の健康法」についての話もいたしました。

二十六　心の中に一番引っ掛かっていること

次に、自分の人生にとって、大きな事件や事柄、悔いの残っているもの、許しがたいことの反省に取りかかってもらいました。

自分の人生において、一番心に引っ掛かっていることの反省であります。

人は誰でも長い人生において、これだけは人に言えない、知られたくない、触れられたくない、秘密にしておきたいということ、屈辱的な思い、許せない思い、辛い思い等、二、三は抱えております。

そして、そのことによって自己を暗くしたり、卑下したり、己を小さくしたり、また憎んだり、自暴自棄になったり、真実の自分を閉じ込めたりして、とらわれの中にいます。

その為に、その事件、事柄について徹底的に原因追究をしていきます。ことが起こるには、必ず原因があります。その原因をマニュアル化されたプログラムに従って、止観して書いてまいります。

これは、私の心の師でありました高橋信次先生の指導のものに、創意工夫して作り上げたものであります。二十五年程改良を重ねながら、採用してまいりまして、多大な成果をあげてきております。たくさんの方々が目覚め、心の窓を開いてきております。

みなさんそれぞれ、親子の問題、夫婦の問題、嫁姑の問題、兄弟姉妹の問題、友人知人の問題、上司部下との問題等、そのトラブルの原因を、何故、どうして、それが起こったのかを見つめ、辿り、求めていかれました。

二十七　原因を求めて

人生において、一番心に引っ掛かっていること。このことを反省しなければ心が安らがないこと等、自分の人生において、どうしても反省しておかなければならないことを、真剣勝負で、反省に入っていただきます。

最初に、その事件、出来事を書いていただきます。いつ、どこで、誰と、どうしたか。

夫婦の問題、親子げんか、兄弟姉妹のトラブル、嫁姑の問題など。また、人を傷つけたり、だましたりしたこと。反対に傷つけられたり、裏切られたりしたこと。女性（男性）問題をめぐる罪や過ちを犯したこと、お金や酒のからむ問題。事故や身体に関すること等が挙げられると思います。

二番目に、その事件、事柄の経過を詳細に書いていただきます。

その時の自分の感情、心に潜んでいた思い、本音を書き出してまいります。

三番目は、その同じような事件、事柄が過去にもなかったか、検討いたします。カルマは必ず循環いたします。

四番目は、その事件、出来事の起こった原因を追究いたします。ことが起こるには、必ず原因があります。人に起こったのではなく、自分に起こったのだから、自分に原因があります。

普通、私たちは、人を責めます。人にあたり、人のせいにいたします。しかし、起きているのは自分においてであり、苦しんでいるのも自分であります。安らいでいないのも自分でありますす。自分に関係ないことは自分に起こりません。自分に原因のあることが、自分に起こります。

他に原因を求めている限り、これからも永遠に解決はつかないし、安らぎも訪れることはありません。突き詰めて、原因は自分にあった、自分の心、思念、行動にあったと気づいた時、本当の安らぎが訪れます。

原因は、自らの自己保存、自我我欲にあります。神の子の意識の喪失にあります。そこに愛と許しの無い、慈悲の無い自分があったと気づいてまいります。ここまで反省が深まれば、素晴らしい自己内省となります。

この自己内省が出来るようになりますと、その方の心の浄化は進み、魂は深く大きく成長いたします。魂の目覚めへと大きく近づいたことになります。

五番目は、それではその事件、事柄が起こった時、どのように考え、どのようにすべきだったかを、その時に帰って光を当ててまいります。神理の光を、愛と慈悲の光を当ててまいります。

相手の身になって、相手の立場で考えます。神の子として、同じ神の分霊としてとらえていきます。永遠を生きる魂として見つめてまいります。

事件、出来事を光の事柄として昇華してまいります。光の体験として転換いたします。

六番目では、その事件、出来事が自分に何を教えていたのか、また、そこで何を学ぶべきであったのかを求めてまいります。

「人生は、学びと体験である」と言われるごとく、人は、色々な体験を通して智慧を得て、魂をより大きくして、神成る道を歩んでまいります。

反省いたしましたら、もうその過去にとらわれる必要はありません。失敗なんてありませんでした。全て体験を通しての学びであり、出会った人、出会った事柄はすべて心の師であり、天の父からのプレゼントでありました。

七番目では、このように反省を通して心を浄化出来たこと、暗い不調和の部分に光を当てることが出来て、喜びと感謝に満たされてきたこと、心が輝き安らいだことに感謝を捧げます。そして、すべてを光で埋めます。すべてを愛と光で包み込んでまいります。

八番目に、最後の締めくくりとして、今日を境に生まれ変わった、新生の自分としての決意と誓いを書いてまいります。新生神の子としての、偉大なる輝かしい出発であります。この日を境にして、神の子として、神の分霊としての、永遠の生命を生きる魂としての新たな人生が始まります。

「原因を求めて」では、次々とこのような形で大きくのしかかっている問題を、解決解消してまいります。

二十八　愛に目覚めて

反省研修も、この頃になりますと、みなさんの真剣さは、求める真摯《しんし》な姿は、驚くほどのものとなります。

何故なら、自己を見つめ、浄化することによって、自らが身軽になり、心が安らぎ、心が温かいものに包まれ、感謝と喜びが湧き上がってきて、自然と涙が流れるようになってくるからであります。

それは懺悔の涙でもあり、悔い改めの涙でもあります。また、自らを見つめることの出来た喜びの涙、素直になれた喜びの涙、父母への、夫への、妻への、子供への、兄弟姉妹への、感謝の涙でもあります。眠っていた神我が、愛が復活した涙でもあります。

その自らが流した涙の分だけ、心は浄化されて清まり、大きくなり、光り輝いてまいります。

自らは、愛され許され、認められ、育まれ守られ、生かされ続けてきた存在であることがわかってまいります。

今までは気づかなかっただけでした。偽我の中で、肉我の中で、それが自分と錯覚をしてしまいました。無限なる自由と、創造と、愛と光と智慧をもっている存在であるのに、神の子、神の分霊であるのに、自らに自己制限をして、天の父との、人々との、大自然との分離感をもって生きてまいりました。

目が曇り、耳が塞《ふさ》がっていたので、真実を、神理を観ることが出来ず、真実の声を聞くことが出来ませんでした。心がとらわれ、濁っていたので降り注ぎ、満ち溢れた愛と光に気づくことが出来ませんでした。

しかし、反省止観を通して気づき、わかってまいりました。真実の姿が見え、聞こえるようになってまいりました。

苦しんでいる病も「気づくのだよ、このままではダメだよ、大切なものは愛だよ、許しだよ、感謝だよ、喜びだよ、法の実践だよ」と、人生の軌道修正を知らせております。

自分の前に現れた人々は、みんな自らの友、師、神の存在でありました。〝己を省みてそのことを通して学びなさい、修行しなさい、より豊かな大きな愛の存在になりなさい〟とメッセージを送ってくれていた存在でありました。

すべては、神の愛の現れでありました。神我顕現、目覚めへのメッセージでありました。それがあったからこそ、疑問をもち、神理を追究し、神を求め、安らぎを求め、人生の道を求めてまいったのです。

こうして私たちは、誰もが神理に触れ、愛に目覚めてまいります。

二十九　人生の卒業式

研修会もいよいよ最後に近づいてまいりました。

ここでは、「人生の卒業式」と題して、今までの人生の締めくくりをしていただきます。今までの人生の総決算であります。

今日、数時間後にこの世を旅立つ準備をしてもらいます。自分の三十年の人生と、あるいは五十年の人生とお別れであります。自らの人生は、どんな人生であったのでしょう。色々な人との出会い、学びと体験、悲しかったこと、楽しかったこと、辛かったこと、嬉しかったこと、涙した日々、感動と喜びにうち震えた日々、どん底と思えた日、天にも昇るような日々、色々な思い出が走馬灯のように甦ってこられることでありましょう。

そのあなたの人生も、今日という日でお別れとなります。人は、いつかは天上の世界へ旅立たなければなりません。生ある者は、いつかはこの世を旅立って、元いた世界、天上の世界へと旅立っていかなければなりません。

あなたの父も母も旅立たれていきました。これからもまた、旅立たれていかれます。祖父母もそうでありました。その祖父母の父母もその道を歩まれました。

今また、あなたが旅立ちの日を迎えたのであります。誰もが迎える「人生の卒業式」を迎えたのであります。

愛する人々と、親しい人々と、出会った人々とお別れしなければなりません。

愛する父と母、兄弟姉妹たち。愛しい子供たち、苦楽を共にしてきた夫、妻。力になってくれた友、親戚、知人、人生を共に生きた同胞たち、みんなともいよいよお別れであります。辛いけれども、別れがたいけれど、忘れがたいけれど、別れの時がまいりました。

思い残していることもあります。まだやりたかったこともあります。もっと愛の人生を生きたかったけれど、本当の自分をもっと精いっぱい生きたかったけれど、私の人生の卒業式がまいりました。ここに、愛する人々との別れに際して、別れとお礼の言葉をしたためたいと思います。

みんな、みんなありがとう。感謝でいっぱいであります。私の人生、色々ありました、でも私の人生とても素晴らしいものでした。この世に生まれてきて幸せでありました。本当にみんなみんなありがとう。

一、父母へ（天界の父母へ）、祖父母へ

私を、あなたの子として生んでくださってありがとうございました。こんな私を、無償の愛で育ててくださって感謝でいっぱいであります。親孝行らしいことは何一つ出来ませんでしたが、お許しください。素晴らしい父母をもてたことを感謝いたします。……

二、夫へ、妻へ

わがままで、無慈悲で、気の短かった俺を許してください。本当はもっと素直に、優しい言葉もかけてやりたかったのに、もっと愛してやりたかったのに。苦労ばかり掛けてこんな俺に付いてきてくれてありがとう。お前との人生は素晴らしかったよ。素晴らしい子供たちと、愛深い妻と一緒に過ごせて感謝でいっぱいだよ。

夫婦ゲンカもしたし、いろんなことがあったけれど、それでまた、お互い成長したと思うよ。もしお前がこんな俺でも良いというなら、またこの世に生まれる時があったら夫婦一緒に出ような。（夫）

ふつつかで、わがままで、愚痴っぽく、至らない私を許してください。あなたをもっと理解し、思いやり、力になってあげたかったのに、気もきかなく、素直にもなれなくてごめんなさい。明るさと愛をいっぱい出したかったのにそれもできなくてすみません。

私を信じてくださり、人生の伴侶に選んでくださったのに、力不足であなたの支えと力になれなくて申し訳ありませんでした。

あなたは、私を子供たちを愛し守ってくださいました。感謝でいっぱいであります。あなたとの、子供たちとの楽しい、素晴らしい思い出がいっぱいあります。ケンカもしたり、悩み落ち込んだりしたこともありましたが、その色々の体験を通して大きく成長した気がいたします。あなたは、私の誇りであり、希望であり、光でした。あなたに出会って人生の大切にしなければならないものを悟ったように思います。感謝でいっぱいであります。

もし、私がまた、この世に生まれることがあったら私を選んでください。私の果たせなかったことを必ず果たします。素晴らしい愛と光の家庭を築いてまいりましょう。

あなたと出会ったということを、わたしは永遠に忘れないでしょう。素晴らしい人生を有り難うございました。（妻）

三、子供たちへ

愛する子供たち、私はいよいよ天上の世界へ旅立たなければならなくなりました。

あなたたちと別れるのは、とても辛く耐えがたいことではありますが、これも宇宙の摂理であります。

肉体（肉の衣）は、いつの日かこの地上界に置いて帰らなければなりません。素晴らしい人生をありがとう。親らしいことは何もしてやれませんでしたが、あなたたちを我が子としてもてたことを誇りにしております。

親として未熟で、怒ったり、愚痴ったり、悩んだり、落ち込んだり、あなたたちが理解出来なかったり、模索の人生だったように思います。あなたたちを育てながら、私も育っていきました。

教育とは、〝共育〟だそうです。あなたたちと一緒に成長して来たように思います。泣き笑いの、山あり谷ありの人生でしたが、素晴らしい人生だったと思っております。素晴らしい主人、光の子供たちと共に過ごせた数十年が、何よりも楽しいものでした。

色々なことがありました。色々な思い出が甦ってまいります。でも一番の喜びは、あなたがお腹に宿った時でした。親なる責任の重さも感じましたが、母としての、我が子の誕生に思いを馳せ、お父さんとハグして喜び合い、まるで天にも昇る思いでありました。

あなたが誕生した時は、涙が出て止まりませんでした。眩《まぶ》しいほどの輝く天使でした。お父さんが抱き上げ、私も抱きました。あなたたちの誕生の瞬間を、今でもよく覚えております。あなたたち一人一人を抱き上げた感触を今でも思い出します。

まだ生まれたばかりなのに、どんな子になるだろうと、お父さんとあなたたちの将来を語ったりしました。

病気したり、心配もしましたが、スクスクと育ってくれました。ケンカしたり、不和の時もありましたが、また、仲睦まじい親子でもありました。

あなたたちがいることが、私の生き甲斐でありました。誇れる親ではありませんでしたが、私なりに一生懸命に生きました。夫婦仲良く、明るい楽しい家庭を創ろうと努力しました。出来はそれほどではありませんでしたが、豊かでなくても、心の通じ合った明るい家庭ではなかったかと思います。

あなた方には何も残してやれませんでしたが、これだけは言えます。わたしは、あなたたちをこよなく愛してきました、目に入れても痛くないほど可愛いし、あなたたちの為なら、いつでも命は捨てられる覚悟でいました。これからも愛し続けるでしょう。

私たちの選んだ子だから、お腹を痛めて産んだ子だから、地上での素晴らしい人生を共に生きた子だから、私たちを親として選んでくれた子だから。

あなたたちが、私たちを忘れることがあったとしても、私たちは永遠に忘れることはありません。私たちの素晴らしい子供たち、私たちの勇気と誇り、あなたたちは私たちの人生そのもの。ありがとう。私たちも、私たちなりに精いっぱい生きました。悔いはありません。

今度は、あなたたちが、精いっぱい生きる番であります。

人生は、良いことや楽しいことばかりではありません。悲しいこと、辛いことも、逆境の時もあります。その時こそ勇気をふるって生きていくのです。その時こそあなたたちは、成長します。辛い時は、私たちのことを思い出しなさい。いつも見守り、応援しております。

最後になりましたが、兄弟姉妹手を取り合って助け合って生きていってください。自分の為だけでなく、人々の為に生きられる、人に愛される人となってください。勇気ある強い人となってください。誰と比較することなく、あなたの人生を歩んでください。

この宇宙に唯一しかない、あなたの花を咲かせてください。私たち夫婦が残した心の遺産を引き継いで行ってください。先に天の父の許へ旅立ったあなた方のお父さんも、きっと私と同じ思いだと思っております。

あなた方のお父さんも、素晴らしい方でありました。愛に生き、この世を旅立つ日まで人生の精いっぱいを生きられました。あなた方は、その父の子であることを忘れないでください。

私たちは、あなたの心の中で生き続けています。悔いの無い人生を歩んでください。

私たちの可愛い子供たち、私たちの愛する子供たちよ、ありがとう。そしてさようなら。

このようにして、研修会に参加されました方々全員に、別れの決意、言葉(遺書)を書いてもらいます。どの方々の目にも涙が光ります。そうして、過去を清算していただくことによって、新しい新生の旅立ちが始まってまいります。素晴らしい、たとえようのない、光景であります。

三十 神我への目覚め

反省という、天の父の与えた「神の慈悲」を通して、過去と訣別してまいります。

自己中心的だった自分、自我我欲のままに生きた自分、肉にとらわれていた自分、物やお金に振り回されていた自分、大切な心、内に心を向けることなく、外の消え行くものにしがみついていた自分。何と愚かであったのだろう。

やっとやっと神理に出会えた、真実の人生に触れることが出来ました。

こんなにも天の父に愛されていたのに、両親に、兄弟に、妻や夫に、子供たちに、友に愛されていたのに、何故気づかなかったのだろう。

愛も思いやりもなく、自己中心的で、人を傷つけ、責め裁き、嫉妬し、恨んだ自分。人生の真の目的を見失っていました。

何が一番大切であったのかはわかりませんでした。目が濁り、耳が塞《ふさ》がっていました。天の父からいただいた光り輝く心が曇ってしまっていました。

みんなみんな神の子、天の父の許を出てきた光の子、命の子、愛の子であり、兄弟姉妹であります。

父も母も、兄弟姉妹も、嫁姑も、夫も妻も、子供たちも、友も知人も、出会った隣人たちも、私の為に役割を演じてくれていました。いとおしい感謝すべき存在。

すべては、主役である私自身の為に〝人生のドラマ〟を演じてくれていました。

すべての人々が人生の友、魂の兄弟姉妹、愛の兄弟姉妹、天の父の命と光を分けた分身たち。

「私は、あなた」「あなたは、私」この神理の深い意味がわかってまいります。

みんな一つ、一つの光、一つの命、一つの神。偉大な天の父、神と一つの存在。永遠を生きる存在。完全な存在。全知全能の存在。無限力の存在。

死は肉体のもの、老いも病も魂には、神我には存在しません。肉体の牢獄に自らを閉じ込め、制限を作り、神や自然や命との分離感をもって、自由と無限なる創造の意思を閉じ込めてしまっていました。

〝自由で良い、そのままで良い〟〝私は、私であって良い。あなたは、あなたであって良い〟〝ユリの花は、ユリの花であって良い。バラは、バラの花のままで良い。ハスはハスの花のままで良い〟

比較する必要などない、卑下する必要もない。優劣を競う必要もない。自らを偽る必要もない。肩ひじ張って意地を通す必要もない。自然のままで良い。野に咲く花の如く、自然のまま、あるがままに。

自らを愛し、受け入れ、認め、許し、自分の命を現していけば良い。

全宇宙に唯一、天の父の創造してくれた私自身の華、命、愛を現していけば良い。

愛されて今がある。生かされて今がある。許されて今がある。人生の色々の体験を積み重ねて今がある。気づけば素晴らしく、光り輝く人生。

産み育て、慈しんでくれた父と母がいて、共に育ち、助け合った兄弟姉妹がいて、魂が結ばれた夫と妻がいて、愛しい子供たちがいて、心の友がいて、心の通う隣人がいる。天の父の無限なる愛があり、大自然のかぎりない恵みがある。それで十分ではないか。それ以上私たちに、何が必要だろうか。ただ感謝だけで良い。ただ喜びだけで良い。

すべてにありがとう。すべてがありがとう。人生よありがとう。あの人も、この人もみんなみんなありがとう。大自然よありがとう。生命の太陽よ、母なる地球よ、天空の星々よ、山よ森よ川よ、花や木よ、小鳥たちよ動物たちよ、ありがとう。「私は、愛そのもの」「私は、光そのもの」「私は、慈悲そのもの」「私は、生命そのもの」「私は、神の分霊そのもの」「私は、神そのもの」「光の世界より出て、光の世界へ帰るもの」「愛の世界より出て、愛の世界へ帰るもの」「神の命より出て、神の命へ帰るもの」「神より出て、神へ帰るもの」

このようにして、人は、目覚めてまいります。そうして、光に、愛に、命に、神霊に到達してまいります。

三十一　神我顕現

人は滴り落ちる法悦の涙――心の内より、神我より、本当の自分自身より湧きあがってくる涙――を、止めることは出来ません。法悦の涙とともに、私も目覚め、悟ることが出来ました。

長い人生の苦難を克服して、悲しみを乗り越えて、病に打ち勝って、私は目覚めました。

私が人生で、求め続けていたものに出会いました。解答を得ることが出来ました。人生に勝利しました。長い転生で、願い続け求め続けたものに出会いました。〝私は、私自身に出会った〟これが、私自身の境地でありました。「私は、愛」「私は、光」「私は、霊」「私は、生命」

ここで言う「私」とは、私個人でなく、創造の父の意識、霊、生命を現しております。天の父が、私の言霊を通してこのように語られております。

人が信じる信じないにかかわらず、このことは真実であります。いつかこのことを、証明される方が出てこられるはずです。そして、何よりも、あなた方の内なる心が、神我がそのことを証明することとなると思います。これは特別に、私やイエス、モーセ様方だけに起こることでは決してありません。やがて目覚め、悟られた時、あなた方も天の父と一つとなられます法悦の涙を流されることでしょう。天の父の心に触れられることでしょう。そして、私の言っていたことが、真実であったことがわかるでしょう。

私は、そのことが心底からわかりました。今、そのことを大声を出して言えます。人々の前で、大自然の前で、天の父の前で。

今度はあなた方すべての人が、心を開き、目覚め、悟っていかなければなりません。あなた方兄弟姉妹の為に、全生命をかけて、全生涯をかけてまいります。それが私に与えられた、天の父の命であります。愛と智慧と力、生命を尽くしきり生きてまいります。天の父の御心を生き、御言葉を語り、御業を行ってまいります。このことをなさないかぎり、天の父の許へ帰ることを許されておりません。

イエスも、モーセも、この道を歩みました。鉄石の信であります。天の父を信じ、生涯を人類の為に捧げられました。偉大なメシアたちであります。

私も、ささやかですが、イエスの道を、モーセの道を歩みたいと思います。偉大なる天の父を信じ、自らの神我を信じ、歩んで行きたいと思います。

私の背後に、偉大なる父の愛を、大いなるモーセの愛を、イエスの愛を、釈迦の愛を感じております。その愛に見守られながら信じた道を、示された道を歩んでまいります。

私は、天の父の生命を生き、天の父が、私の命を生きておられます。天の父と私は一体です。天の父は、我が中で生きておられます。このことは、今も、昔も、これからも永遠に変わりません。

これからも、天の父の生命を、愛を、光を、智慧を、御言葉を伝えてまいります。ありがとう。感謝でいっぱいであります。

三十二　天の父からのメッセージ

私(天の父)が、語る私は、あなた方の中に生きております。私です。あなたの中で、あなたが私に気づく日を待っておりました。あなたが、目覚める日を待っておりました。私を、受け入れる日を待っておりました。そして今、その時が来ました。この者の肉体を通して、言霊を通して語りかけます。私とは、宇宙意識、宇宙生命、宇宙神霊であります。神我であり、キリスト神霊であり、あなた自身であります。わかりますか。すべてを委ね、素直な自分となるのです。頭ではなく、心に問いかけなさい。心が答えてくれるでしょう。その内なる心、神我に従って生きるのです。何故か懐かしい、あたたかい感情。止めどもなく流れる涙、心の故郷への郷愁。そのあなたが、本当のあなた、そして、それが「私です」私が、私に出会っているのです。奇跡が起きております。二千年を超えて、一万年を超えて、いや数億年を超えて、奇跡が起きております。人類の前に奇跡が起きております。

形に現れる奇跡など、本当の奇跡ではありません。今、現実に起こっているこの瞬間、命の臨在感こそが最大の奇跡であります。神の臨在感こそが最高の奇跡であることに気づいてください。すべてを捨て、とらわれから離れ、内なる良心、神我に素直になることが大切です。あなたは今、私と一つに結ばれております。あなたが、私。私があなたということであります。一つの生命に、一つの光に、一つの愛に結ばれたということです。

神の祝福がここにあります。モーセの仁と勇が、イエスの愛と許しが、釈迦の慈悲が、天照大神の道が、今ここに、結集しております。これは私たちの、偉大な勝利を意味しております。幾多の試練を越えて、人類は、目覚めの時を迎えております。この勝利への歌声は、全世界へ、全宇宙に響きわたっていきます。偉大なる神の子の目覚め、神々の発祥、顕現であります。二十一世紀の神の時代は、こうして開けてゆきます。ただただ感謝であります。喜びであります。涙、涙であります。天のお父さまありがとうございます。イエス様、モーセ様、お釈迦様、天照大神様、高橋信次先生、天理の教祖様、光の大指導霊様方、守護指導霊様、ここに集まった方々のご家族のみな様、この会を主催され、協力してくださった方々ありがとうございます。心より感謝いたします。

三十三　愛の瞑想

静かに呼吸いたします。まずお腹の空気をゆっくり吐き出します。吐き出し終わりましたら、静かに吸ってまいります。吸ってゆく時、お腹、横脇腹を膨らまします。そしていっぱい吸った空気を下腹の方へグッと押し下げてまいります。この吸う、留める、吐くの動作を七・七・七の数の間隔で行います。七・七・七が出来ない場合は、五・五・五から始められても構いません。

もし、途中で息継ぎが苦しくなったりしましたら、自然呼吸を間に入れてもいいです。

そして、吐く時に、心の中に溜まっている愚痴、怒り、欲望、妬み、自己卑下、高慢等の不調和な心、体の悪い所、病気を一緒に吐き出してまいります。

吸う時は、天の父からの、天空からの黄金の光、愛、智慧、無限力、豊かさ、健康、癒しのエネルギーを受けます。

そうして、呼吸を丹田に留めている時は、〝我は光、我は愛、我は霊、我は神〟と最高波動の言霊を発します。全身を愛で満たします。全身を光で満たします。闇も不調和も存在しません。全身が光り輝き、全細胞がキラキラと瑞々しく光ります。

黄金色のオーラが全身を包み、その光が四方八方に広がり、周り全体がオーラの光に照らされて、黄金色に、また虹色に輝きます。荘厳で、清らかで美しい光景であります。そのままが神の世界、天上の世界であります。そうして、すべてを天の父に委ねます。

光の中に、命の中に、愛の中に自らのすべてを溶かしてまいります。自他の区別も無く自分の存在もありません。

宇宙に溶け込んで、自分が宇宙なのか、宇宙が自分なのかわかりません。すべてと一体となってしまいました。

「我は、光」「我は、愛」「我は、霊」「我は、生命」と唱え続け、響き続け、その中に溶け、一つとなっております。

自らが光の世界に住み、光を放つ、全宇宙の創造の根源、全生命の光の根源であります。無限光、無限愛、無限生命の世界、言い表すことの出来ない「光の臨在の世界」「神の臨在の世界」〝在りて在る世界〟〝神一元の世界〟〝人、光の世界より出て、光の道を歩み、遂に光となる〟〝人、神成る世界より出て、神成る道を歩み、遂に神となる〟〝神、神に目覚めて、神に成る〟

このようにして、人は目覚め、悟ってまいります。困難な道でありますが、偉大なる道であります。人は、全人類は、一人残らず神へ到達いたします。

反省止観、愛の瞑想、光の瞑想は私たちが、人生の幸せをつかむ為の目覚め、悟る為に最も大切なものであります。日々研鑽《けんさん》を続けていかなければなりません。

三十四　再会を期して

霧島研修会もいよいよ終わりに近づいてまいりました。

最後に、参加されました方々に一言ずつ、話してもらいました。研集会の感想、過去の自分との訣別、新生の決意等それぞれ述べられました。

どの方々の目にも涙が光っておりました。喜びと感謝で、新生の決意で満ち溢れていました。今回の研修会は、私の妻を始め、子供たちも全員参加してくれました。子供たちに、父の姿はどんな風に映ったことでしょう。参加された方々の内なる心、神我が輝き出し、本来の自分が現れて来ていました。一人一人の言霊が私の胸に響いて、胸が熱くなり、目頭が潤みました。

神の子は素晴らしい、神の子は偉大なり。「みんな万歳、神様万歳」「みんなみんなありがとう、神様ありがとう」と、自然と言葉が漏れました。

天の父は、この日をどんなに待ち望んでおられたことでしょう。父は、どんなに喜ばれたことでしょう。天上の天使たちもどんなに喜んだことでしょう。

この素晴らしい光の天使たちの上に、天の父の祝福のあらんことを、光の天使たちが、益々光り輝かんことを、おおいなる愛と光の道の開かれんことを切に祈りました。

今回も大きな奇跡を見せていただき、素晴らしい研修会でありました。感謝でいっぱいでありました。

十二時に講演、研修会は滞りなく終わりました。一面の光の大きな渦に満たされて終了いたしました。鹿児島の天使会のみなさんがこの研修会の為に骨折ってくださいました。感謝でありました。

みんなで肩を組み、恒例の「今日の日はさようなら」「ふるさと」の歌をうたいました。涙の合唱でありました。

そののち、霧島神宮の元宮へ出かけました。そこで感謝と誓いの礼拝を行いました。「オーム」音を、みんなで唱えました。

天空へ、天上世界へ、日の本の国へ、全世界へ、光と愛の波動を、平和と繁栄の波動を響かせてまいりました。

頭上より、眩いばかりの光の柱が降りてまいりました。元宮全体が光り輝きました。旋回しながら黄金の光を、虹色の光を放っておりました。愛と癒しのエネルギーが満ち溢れました。

天孫降臨のこの霧島の聖地で、このように素晴らしい集いが出来ましたことを、心より感謝いたしました。

次回の講演会、研修会を期してそれぞれ故郷へ、旅立っていかれました。

偉大なる光の子らに、愛の子らに祝福あれ、共に手を携えて、神への道を歩まん。光の道を歩まん。

九、人間の原点

〈人は、どこから来て、どこへ行くのか〉

「人は、どこから来て、どこへ行くのでしょう」

これは、私が求め求めて、やっと得た回答でありました。人間は、創造の父、天の父の許しを得て出てきて、天の父の許へ帰ってまいります。天の父は、光の存在、愛の存在、命の存在であります。

光の国、愛の国より出てきて、光の国、愛の国に帰ってまいります。神の国から出てきて、神の国に帰る存在であります。肉体は滅びても、魂は永遠に生き続けて転生を続けてまいります。「永遠不滅」ということであります。何と素晴らしく偉大なことなのでしょう。このことがわかるまで、どんなに苦しんだことでしょう。人類は偉大な最高の切符を手にいたしました。

今、私たちはそのことの事実を証明できます。心を浄化して、心の窓を開き、過去世の言葉、異言を語ることが出来ます。二〇〇〇年前の、二五〇〇年前の、イスラエルやインドの時代を、また三五〇〇年前のギリシャの時代のことを、心の窓を開いた者同士が語り合います。この時は筆舌に尽くしがたい思いが湧き上がり、誰一人として涙なしにはおられません。何千年ぶりに出会う魂と魂の縁生に、胸が熱くなります。

過去世で、親子であったり、兄弟姉妹であったり、夫婦であったり、また友であったり、師弟であったりいたします。「魂は永遠」の真実を、身をもって知らされます。

〈私自身とは誰か〉

人生の、第一の疑問「人は、どこからきて、どこへ行くか」は、解答を得ることができました。

次は、第二の疑問「私とは、誰か」を追究しなければなりませんでした。

私は、小学校五年か六年の時に不思議な体験をいたしました。夏休みに近所の子供たちと、小川に魚とりに行きました。

魚を採る網の手を休めて、ふと天空の青空に目を移しました。その時私の心を、疑問がかすめました。「私とは、いったい誰なんだ」「私はいったいどうして、ここに居るのだ」「私、私……」「何故、どうして」「肉体と別の、このことを考えている自分」「時間がゆっくりゆっくり流れていく」「自然があって、大空があって、太陽が輝いていて、自分がいる」

今、考えている自分の存在が希薄になっていって、もう自分がわからなくなって、どうして良いかわからず、居ても立ってもおられず、網も持ち物も放り投げて、友達に「もう帰る」と言うなり母の居る我が家へ、一目散に走りだしました。

そして、母を見つけて、母の胸に飛び込んで安堵して、半分泣きそうになりました。

その時以来、「私とは、誰か」を求め続けておりました。そして、その解答を得ることが出来ました。目覚めて悟り得た境地は、「人間は、神の子。神の息子、娘」ということでありました。私の内に、神は、天の父は生きておられました。

「神の分霊」「神の分身」の自覚でありました。「人間は、肉の衣を着た神」この神理を体得できた時は、心底から泣きました。法悦の涙を流し続けました。

人間として生まれられた喜び、生かされ生きている感謝と喜び、父母の深い愛、親子の愛、夫婦の愛、兄弟姉妹愛、隣人愛、大自然の愛、そして、限りない大いなる天の父の愛、それらの愛を深く深く感じながら、幸せと、感謝と喜びを胸いっぱいに含ませながら法悦の涙を、流し続けました。

〈人生の目的〉

三つ目の「生きる目的」とは何か。

この人生の大問題を、私は求め続けました。この哲理も今まで述べた中に込められております。

「人は、どこから来てどこへ行くのか」この解答は、「光の国から来て、光の国に帰る」「神の国から来て、神の国に帰る」

「私とは、誰か」「あなたとは、誰か」この解答は、「私とは、神の子」「神の分霊」「神の分身」。

「生きる目的」とは、「光の国、神の国から来た神の子、神の分霊が、親なる神の命を、御心を、大愛を現象の世界である地上界に現していく」ということであります。

神の子には、親なる神の心と願いを、生命と愛を現していく以外に、歩む道はありません。

神は、大調和であり、大慈悲であります。また大光であり、大愛であります。その子である人間は、その分霊である人間は、それ以外のものを現すことは出来ないのであります。親なる神が大調和だから、調和を現してまいります。父なる神が大光だから、光を現してまいります。

天の父が大愛だから、愛を現してまいります。

もしそれからずれたら、そのずれた分だけ悩み苦しむように出来ております。そうすることによって、天と父との絆が保たれております。

天の父を生きる、天の父を現す。

天の父の愛を生きる、天の父の愛を現す。

天の父の光を生きる、天の父の光を現す。

これが私たち人間の、天命であります。その他のことは、これらの成就の為の補足的なものに過ぎません。

家庭において、職場において、地域において、人との交流において「父の生命を、光を、愛を」現していかなければなりません。偉大なる天の父の子は、このことをなしていくことを喜びとし、そのことにより生きる力を更に得ていくのであります。

十、光の世紀を迎えて

〈二十一世紀への潮流〉

現代の潮流に目を向けますと、私たちは、目を背けたくなるような、耳を塞ぎたくなるような事件、事柄が引き続き起こり続けております。何が真で、何が光であるかわからなくなってきております。

この時代を無明、末法の時代と呼びます。

古来より「日の本」と言われました日本においても、無明、不正、虚偽、不信、憎悪、退廃、犯罪等が満ち満ちております。

唯物主義、拝金主義による膨大な物質文明の波は、古来からの豊かな精神文明を凌駕《りょうが》して、誠と調和の文明が壊滅せんといたしております。

全世界のあちらこちらで国家間の、民族間の、宗教間の紛争が続いております。長い歴史をもつ宗教間の闘争は、悲壮を極めております。「愛と平和」を説く宗教が、争うことに対して疑問と深い悲しみを覚えます。

世界各国で、予期せぬ天災や自然災害が起こっております。地震、洪水、旱魃《かんばつ》、火山噴火等の続出と、またエイズ、ヤコブ病等の奇病の蔓延《まんえん》。
愛や生きがいを失い、不安や不調和による精神疾患、自殺者の急激な増加。子供たちの不登校、いじめ、無気力化等の大きな問題が、次から次へとのしかかってきております。
公害、汚染の問題も、深刻な状況にあります。戦争の傷跡として、全世界に数億個も埋められている地雷。大国による、数百万回も人類を殺傷出来る水素爆弾の製造と保有。それでも飽き足らずに人類殺傷兵器を製造し続ける国々。

愚かな人類の性を思わずにはおられません。

しかし、それはそれに携わる人々の責任だけではなく、誰でもない、私たち人類一人一人の責任でもあります。

一人一人の中に巣食っている怒り、憎しみ、ねたみ、嫉妬、裁く心、不安、許さない心が大きな意識体となって、地上に「悪想念帯」の磁場を作り上げております。この悪想念帯をも除去消滅しなければなりません。

それには、一人一人が心の中の暗い、不調和な、低い想念エネルギーを転換して、明るく高い、すなわち「愛と光と調和」のエネルギーに転換しなければなりません。

二十一世紀の人類には、その道しか残されていません。「復活」か「滅亡」か、人類は今、そのターニングポイントにあります。

人類は今、何を中心に動いていけば良いか、何を指針に生きていけば良いか、わかっておりません。物質、経済の大波に、膨大な情報の波に飲み込まれ、人類過去からの、また現在に噴出してくる悪想念帯の強力な磁力により、自らの本性を失い、神性を失っております。

真なるもの、善なるもの、大切にしなければならないもの、それが失われている時代であります。

人類の目的が失われ、心の平安の場、憩いの場を見出すことが出来ないでおります。

人類の、一人一人の目的とは何なのでしょう。その使命とは、生きる喜びとは何なのでしょう。この混迷と無明の時代にこそ、「人間の心の原点」に帰るべきなのではないのでしょうか。

人間の心の原点とは、釈迦の仏法と慈悲の道、イエスの神理と愛の道、天照大神の太陽心と真の道と言えます。二千年、三千年を経ても滅し朽ちることなく、人類の上に燦然と輝く「久遠の法」「宇宙の法」であります。

それは、「愛の法」「光の法」「生命の法」であります。

この法は、一つの所から出ております。それは、宇宙創造の神、人類創造の神、私どもが「天の父」と呼んでいる存在であります。

モーセが「ヤーベ」と呼び、イエスが「アバー（エホバ）」と呼び、マホメットが「アラー」と呼び、釈迦が「バラフマン（梵天）」と呼んだ存在であります。

人類は、この天の父の光、大霊、意志を、時代や環境、説かれた人によって、異なる存在と思って錯覚してしまいました。その為悲しいことに、大きな混乱と弊害を生んでしまいました。

人類に降ろされた光は一つであり、人類は、天の父の許から出てきた兄弟姉妹であり、同じ命を分けた同胞であります。人類は、このことを真から理解していくようになります。

〈心の無限なる宝庫〉

古きもの、即成のものは壊され、新しき価値観に立った「人類共存の理念に立った」「地球の平和と調和に立った」「愛の神理を基盤にした」、黄金社会が建設されてまいります。幾多の試練と難渋《なんじゅう》を乗り越えて、私たち人類は、長年の悲願を成就してまいります。

それにはまず、誰もが「心を外では無く、内に、内なる神我」に向けていかなければなりません。すべての中心、すべての根源に思いを、意識を向けていくことであります。

それは内なる無限の宝庫を、掘り起こすことであります。私たちの潜在意識、超意識の中には、偉大なる無限なる宝の宝庫があります。人類の真の指導原理が、眠っております。

その宝庫には、宇宙創造の意志、生命、エネルギー、智慧、愛が秘められております。宇宙創造主のすべてを内蔵いたしております。創り主と創られたものとは、生命が、意識が、エネルギーが繋がっております。切り離すことはできません。一体のものであります。

〈創造主の命を生きる〉

私たちは、その創造主、宇宙意志の懐に創造され、生かされ育まれております。

創造の根源に繋がり、その命の、愛の懐に抱かれているのでありますから、決して不安でも孤独でもありません。そのことを認識して、理解して受け入れると、安堵と喜びが湧いてまいります。

そして最も偉大で重要なことは、その宇宙の創造主、宇宙意志が私たち人類一人一人の心の中に、魂の中に宿り、今も生き続け、存在し続けているということであります。

私たちは、創造主、神の意志を、生命を、智慧を愛を生きている存在であります。それは否定しようとも否定出来ない真実であります。

〈生命、存在の根源〉

私たちは「光原始細胞」「霊原始細胞」、すなわち「神の細胞」と呼んでおります。その細胞を、誰もがもっております。それゆえに人は、神を思慕いたします。大愛なる神の愛を求めます。

愛なしには、光なしには、誰一人、生きることは出来ません。

それは内なるハートの中に内在し、未だ眠っております。それを「真我」、または「神我」と呼んでおります。これが本当の自分自身であります。

創造主の、「神の子供」「分身」「分霊」「分生命」「分意識」これが、私たち人類の真実の姿であります。「肉の衣を着た神」、これが明かされなければ、現さなければならない究極の神理でありました。

「我は、愛なり」

「我は、命なり」

「我は、光なり」

「我は、霊なり」

そして、まこと
「我は、神なり」


この認識、自覚、受容、悟りが私たち人類誰もが、なしていかなければならない、やり遂げなければならない道であります。「肉の衣を着た神」、人間は、この自覚と悟りを通して、「愛の化身」「光の化身」「神の化身」へと自己完成を、成し遂げてまいります。

二十一世紀を迎えて、人類は今、その修正に入っております。古い既成のものは崩壊し、新しいものが起こります。偽りの者は消滅し、真実のものが顕現してまいります。「愛と光と調和」の時代が訪れます。地球黎明《れいめい》の時代であります。

多くの偉大な光が今、地上に降り注いでおります。多くの天の父の命を受けた光の大指導霊たちが、肉体をもって地上に降りたっておられます。ある方は目覚めつつあり、ある方は既に悟り、活動されております。

私どもは、その方々と共鳴連帯して人間復興運動、真ルネサンス運動を展開していきたいと思っております。

「九州で灯り燃え広がった神理の光は北上して、関西、東京に燃え広がり、日本列島を縦断して日本全土に広がっていく」「そして、日本に広がった神理の光は、アメリカに渡り、再び逆輸入されて日本人の多くが神理正法に帰依していく」

この預言は、高橋信次先生が私たちの前で二十五年前に示されたものであります。私たちが、日の本の中心の東京にたどり着くのに、東京で講演するのに二十五年を要しました。自らの努力の足りなさを申し訳なく思います。

しかし、ようやく到達いたしました。預言を授かった私たちは、先生の預言を実現しなければなりません。高橋信次先生の神理を、イエスの愛と許しを、釈迦の仏法をお伝えしていくのが、私たちに与えられた天命であります。

光の輪は少しずつではありますが、確実に広がっています。素晴らしい縁生、涙と感動の出会い、愛と光と感謝の日々であります。

二十一世紀が皆様にとって、さらなる飛躍と目覚めの年で有りますように、天の父の更なる祝福が満ちあふれますように、願ってやみません。

あとがき

日本を始め、世界は経済不況と政治不和、国家人民の混乱と不調和の真っ只中にあります。政治も、経済も、教育も、医療福祉も、宗教も無明と混迷を極めております。この重大な危機を乗り越える施策が見出せるのでしょうか。私たち人類は指導理念、救済原理を見出すことが出来るのでしょうか。

この著書を読み終えられた皆さんは、小さくとも確実に、人類の平和と救済の道が、光明と安らぎへの道が見出せたのではないかと確信いたしております。

人類の救済と繁栄の道は、釈迦の仏法、慈悲の教え、イエスの神理、愛と許しの教えに帰るしかありません。ここに「不滅の神理」「人間の心の原点」があります。

私の心の師、高橋信次先生、知花敏彦先生は、メシアの教え、正法神理の法を復活されました。私たちは「不滅の神理」「人間の心の原点」に帰らなければなりません。

私たちは、この正法神理を深く学び、自らを振り返り、止観反省し、自らのとらわれ、心の垢、ホコリを振り落とし、愛と慈悲の心を復活する以外に道はありません。

眠っていた神我を復活する以外に、人類の未来はありません。不滅の魂として目覚めていかなければなりません。

人類は、皆兄弟姉妹であります。宇宙船地球号の同胞が、国家、民族、人種、宗教、宗派、主義主張を超えて、人類同胞主義、愛意識、魂（神の子）意識に目覚めなければなりません。剣や武力によっても、富や権力によっても、平和は永久に訪れません。一人一人の心の中の憎しみや許さない心、闘争心や差別の心、欲望が静まり、光に満たされ、愛の灯火が点った時、人類の真の夜明けが訪れてまいります。そして、その真の夜明けは必ず訪れてまいります。

創造主、天の父は、遠い空の彼方に存在しているのではなく、皆様方一人一人のハートの中に存在しておられます。私たち肉体を含め、全宇宙に、天の父の生命、意識、力、愛は満ち溢れております。その天の父の命、愛がそのまま私たちの中に宿っております。

肉体船の寿命は、長くもっても百年です。肉体は、人生航路の魂を乗せる仮の船にしか過ぎません。人間は、永遠を生きる魂・意識であります。人間は、神の子、神の分霊であります。

その自覚に至った時、目覚めが起こってまいります。私たちの人生の目的は「神我顕現」にあります。自らが神の分霊、神の意識の目覚め、それを現し、そのものとなっていくのであります。

天の父への感謝、大自然への感謝、父母への感謝、夫への妻への感謝、周りのすべての人への感謝、すべての物への感謝。生かされて生きる喜び。目覚めと報恩の喜び。

愛の復活。神への愛、大自然への愛、動植物への愛、親子愛、夫婦愛、兄弟姉妹愛、師弟愛、同胞愛……。

愛は、無限の広がりと深みを増してまいります。私たち一人一人の心の中に、目覚めが起こってまいります。こうして私たちの目覚めと光と愛の広がりが、この大和の国に、世界の国々に満ち溢れてまいります。

地上ユートピア、地上天国が真実に、確実に建設されていくのであります。その一翼を現代を生きる私たちは担っております。本書を手にされた方々は、その大きな使命を担っておられるのであります。後日そのことが証明されることになると思います。

何故なら、本書は、天の父の意志によって書かされ、著されたものだからであります。皆様は、父の意思に叶う方々であるからであります。目覚め立ち上がってくださることを信じて疑いません。

共に手を取り合って歩んでまいりましょう。天の父の命を受け、目覚めた光の天使団は、天の父の許に集い、その天命を果たし、親なる父の許に帰還していくのであります。それが皆さんが、天の父との間で果たした約束であります。私の言霊が真実であるかどうか、みなさんの内なるハート、神我に問うてみていただきたいと思います。

私のこのささやかな一歩が、人類の希望と幸福への輝きへの一歩になれば、自らに与えられた天命の一翼の一端を果たすことが出来たのではないかと思います。

この「心の復興」の出版に当たっては、鹿児島の城山観光株式会社、保太生・代表取締役社長の御尽力を忘れることは出来ません。また多大な御厚情を頂きました二又靖子さんに心からの感謝を捧げたいと思います。

たま出版の中西廣侑常務、編集の高橋清貴氏には、本出版の全般にわたって大変お世話になりました。多くの方々のご協力により出版の運びとなりました。感謝で一杯であります。また、愛する妻や子供たちの協力がなければ、出版の運びとはならなかったことも付記させていただきたいと思います。

「天のお父様、私の目を、あなたの慈しみの目とし、私の口を、あなたの愛の言霊の発する口とし、私の手を、足を、あなたの癒しと福音をもたらす道具としてお使いください。私は、ただ、あなたへの感謝のエネルギーでしかありません」

大山 純一

二〇〇二年三月三十日

〈著者プロフィール〉

大山 純一（おおやま じゅんいち）

1948年に鹿児島に生まれる。祖父、父母の強い影響により、幼いころより神仏を求める。大学で宗教学を専攻し、哲学さらに心身医学を学ぶ。

大学卒業後、東洋医学専門学校で、東洋医学を学ぶ。さらに東洋医学を究めるために、国立北京医科大学日本分校に学ぶ。中国、アメリカにて研修、中医師の免許取得。心身医学会々員。

宗教とその救いに限界を感じている時、高橋信次先生と出会い導かれる。先生の説かれる神理正法が、人類救済の道であることを知り、先生の主宰されるGLAに専心する。

高橋先生他界後は、GLAを辞し、神理正法流布の活動を続ける。1993年に屋久島の万代杉にて霊的自覚を得る。

経営していた薬品店、漢方治療院を辞し、2000年より城山観光ホテルグループ顧問。心身の癒しと、神理正法流布の講演活動中。

著書に「心の復活一」、「心の復活二」、「心の復活～人類の再生と救済への道」（文芸社）、「詩集、愛と目覚めの詩」等。機関誌「葦芽《あしかび》」を発刊中。現在、福岡に在住。

◎著者住所

〒810-0022

福岡県福岡市中央区薬院1丁目5番4号

心の復興

2002年 5 月 31日　　初版第 1 刷発行

著　　者　大山 純一
発 行 者　韮澤 潤一郎
発 行 所　株式会社 たま出版
〒160-0004　東京都新宿区四谷4-28-20
☎03-5369-3051（代表）
http://www.tamabook.com
振替 00130-5-94804
印 刷 所　株式会社 平河工業社

ISBN 4-8127-0056-6 C0011